UNDER
COVER
GÄRTNERN
Haupt
NATUR

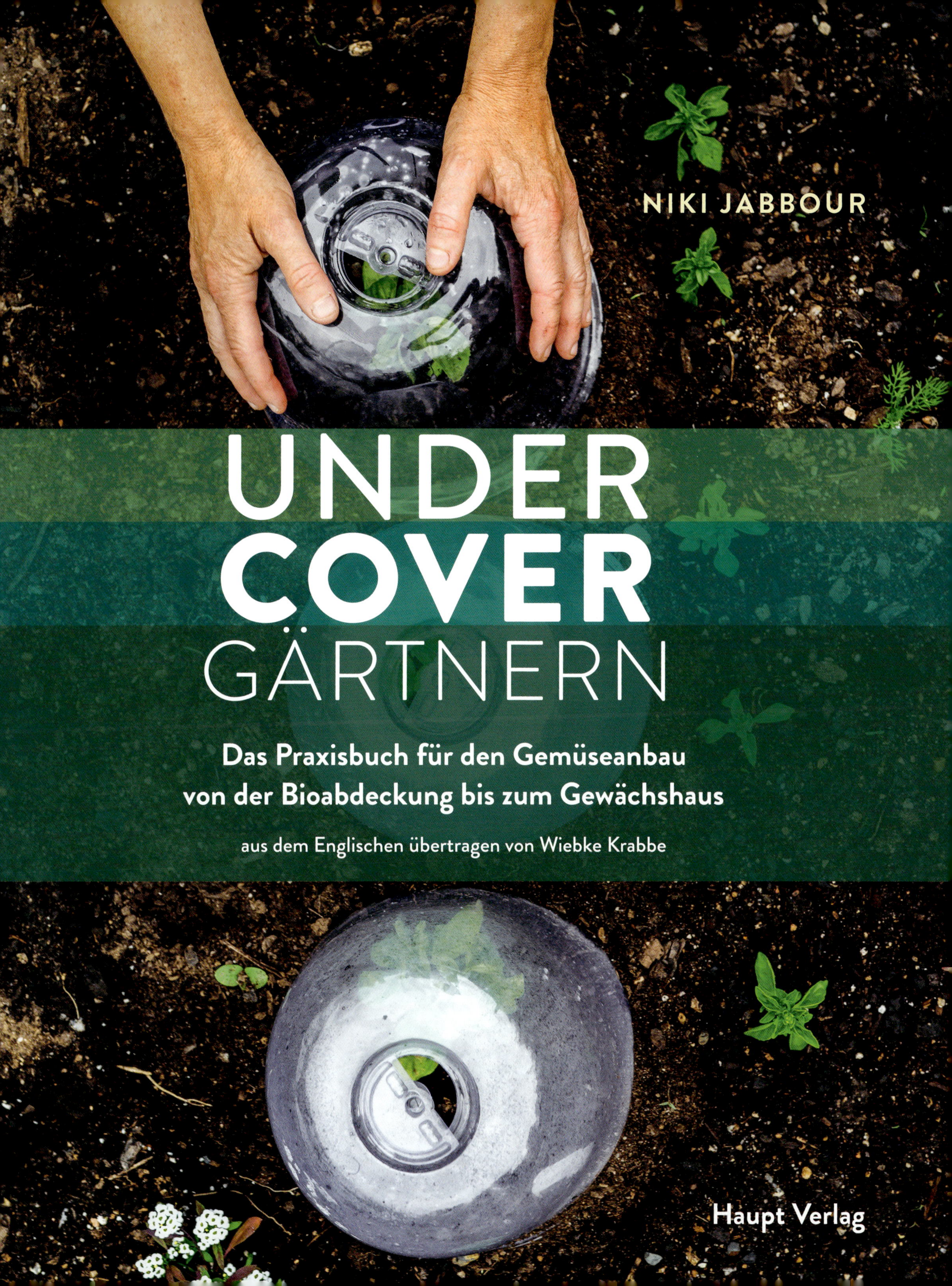
NIKI JABBOUR
UNDER
COVER
GÄRTNERN
Das Praxisbuch für den Gemüseanbau
von der Bioabdeckung bis zum Gewächshaus
aus dem Englischen übertragen von Wiebke Krabbe
Haupt Verlag

Coverfotos: © Jeff Cooke/Cooked Photography
Fotos Innenteil: © Jeff Cooke/Cooked Photography und © Niki Jabbour, 11 l., 15, 19 o., 29, 42, 48, 52, 58, 61–65, 67, 68, 74, 75, 80, 84, 94 o., 101 l., 102, 118 r., 129, 132 r., 134 o., 135, 137 o., 142 l., 147 o., 148, 151, 154, 158, 160 r., 164 o., 165 o., 167 r., 173, 176 r., 182 r., 192 l., 197, 201, 205; © Niki Jabbour, aufgenommen auf der Watershed Farm, 60, 123, 165 u., 182 l., 188 l.
Weitere Fotos: © Agriology/Alamy Stock Photo, 133; © Avalon/Photoshot License/Alamy Stock Photo, 107 u.l.; © Besjunior/Alamy Stock Photo, 107 u.r.; © Brenda Franklin, 44, 89; © Clearskiesahead/iStock.com, 55 l.; © GordonImages/iStock.com, 126; © Hartley Botanic, 46, 54; © inomasa/iStock.com, 107 o.l.; © Island Images/Alamy Stock Photo, 92; © Janet Horton/Alamy Stock Photo, 105 o.l.; © jess311/iStock.com, 134 u., 137 u.; © Jessica Walliser, 121 r.; © John Glover/GAP Photos, 161; © Joseph De Sciose, 28, 37 l., 39, 41; © Kay Roxby/Alamy Stock Photo, 132 l.; © Ken Leslie/Alamy Stock Photo, 186; © Loop Images Ltd/Alamy Stock Photo, 111; © Nan Sterman, 2019, 18; © Pavel Abramov/iStock.com, 136 u.r.; © Regenerative Design Group, 70, 71; © sasimoto/stock.adobe.com, 170; © schankz/Shutterstock.com, 134 m.;© Sergey_Fedoskin/iStock.com, 107 o.r.; © Slavomira Kovacova/iStock.com, 181 m.; © slertwit/123RF.com, 131; Courtesy of Steve Farley, The Optimistic Gardener, 56; © Tara Nolan, 37 r.; © Veg Organic/Alamy Stock Photo, 147 m.; © Westend61 GmbH/Alamy Stock Photo, 171; © World History Archive/Alamy Stock Photo, 21; © y-studio/iStock.com, 55 r.

---

1. Auflage: 2022
ISBN 978-3-258-08273-8

Redaktion: Carleen Madigan
Lektorat: Carolyn Eckert
Layout: Carolyn Eckert und Erin Dawson
Register: Christine R. Lindemer, Boston Road Communications
Übersetzung ins Deutsche: Wiebke Krabbe, D-Damlos

Wir verwenden FSC®-Papier. FSC® sichert die Nutzung der Wälder gemäß sozialen, ökonomischen und ökologischen Kriterien.
Gedruckt in Slowenien

Diese Publikation ist in der Deutschen Nationalbibliografie verzeichnet.
Mehr Informationen dazu finden Sie unter http://dnb.dnb.de.

Der Haupt Verlag wird vom Bundesamt für Kultur für die Jahre 2021–2024 unterstützt.

Wir verlegen mit Freude und großem Engagement unsere Bücher. Daher freuen wir uns immer über Anregungen zum Programm und schätzen Hinweise auf Fehler im Buch, sollten uns welche unterlaufen sein. Falls Sie regelmäßig Informationen über die aktuellen Titel im Bereich Natur & Garten erhalten möchten, folgen Sie uns über Social Media oder bleiben Sie via Newsletter auf dem neuesten Stand.

www.haupt.ch

Für Dany, Alex und Isabelle

Und für alle Gärtner, die mit Frost, Hagel, Wind, Trockenheit, Schadinsekten, Rehen, Nagetieren und Eichhörnchen zu kämpfen haben.

INHALT

TEIL 2: Gemüse unter Dach 140

Mein Weg zum UNDERCOVER-GARTEN

Ich bin eine Undercover-Gärtnerin. Nein, ich spioniere nicht klammheimlich den Nutzgarten der Nachbarn aus. Ich verwende einfache, aber wirkungsvolle Schutzvorrichtungen, um meine Erträge zu steigern.

Angefangen hat alles mit einem einfachen Folientunnel. Ich war erst 16 Jahre alt, aber ich habe schon Sämlinge im Haus gezogen, Kräuter in Töpfen gehalten und Verantwortung für den Gemüsegarten der Familie übernommen. Der Folientunnel war ein Geschenk meiner Eltern. Es war ein simples Modell von nur 1,8 × 2,4 Metern Größe, aber ich war begeistert.

Im ersten Frühjahr stopfte ich ihn mit den Sämlingen voll, die ich auf dem Esszimmertisch gezogen hatte (Aha, darum hatten sie mir den Tunnel geschenkt!). Ich lernte bald, dass sich solche Konstruktionen schnell erwärmen und die Sämlinge auch an kalten Tagen kräftig und gesund heranwachsen.

Ich hatte viel Freude an meinem Folientunnel, aber seine Qualität war mäßig und er hielt nicht lange. Dann studierte ich, und es dauerte sieben Jahre, bis ich wieder einen eigenen Garten hatte. Und bald erinnerte ich mich, wie nützlich solche Schutzkonstruktionen sein können.

In meinem ersten Buch habe ich Techniken vorgestellt, um rund ums Jahr (ja, auch im Winter!) Kräuter und Gemüse aus dem eigenen Garten zu ernten. Diese Methoden wende ich nach wie vor an, aber inzwischen habe ich einige Schutzvorrichtungen errichtet, um noch mehr gesundes Gemüse von guter Qualität zu ernten. Im Sommer setze ich Vlies ein, um Gemüse, die es kühler mögen, zu schattieren und so die Saison zu verlängern. Statt PVC-Stäben verwende ich jetzt Metallstäbe für meine Folientunnel, weil sie viel stabiler sind, und außerdem habe ich ein 4 × 7 Meter großes ungeheiztes Foliengewächshaus aufgestellt.

Das Foliengewächshaus bietet viel Pflanzfläche, die ich ganzjährig nutze, und ich kann jederzeit darin arbeiten – ganz gleich, wie das Wetter draußen ist. Im Foliengewächshaus herrscht fast immer Frühling. Darum haben wir sogar ein Stück Pflanzfläche geopfert, um hinten im Gewächshaus einen kleinen Sitzplatz einzurichten. Da kann man inmitten des Gemüsedschungels Samen in Schalen säen, Schreibkram erledigen oder einfach eine Tasse Tee genießen.

Viel Platz braucht man nicht für die Methoden, die ich hier vorstelle. Viele meiner Schutzkonstruktionen eignen sich auch für winzige Gärten, für ein einzelnes Hochbeet oder sogar für Kübel auf der Terrasse. Hohe Kosten fallen auch nicht an. Es gibt viele preiswerte – und sogar kostenlose – Hilfsmittel, die man im Garten nutzen kann.

Ich habe einiges darüber gelernt, die Schutzvorrichtungen auf die Pflanzenarten abzustimmen. Welche Vorrichtungen ich benutze, hängt von der Jahreszeit ab, aber auch von den Gemüsearten, die ich anbauen will. Natürlich gibt es Überschneidungen, denn viele Vorrichtungen kann man in mehreren Jahreszeiten nutzen. Folientunnel über Gemüsereihen können zu allen Jahreszeiten verwendet werden, Vlies zum Schattieren braucht man nur im Sommer.

Es geht aber nicht nur darum, Pflanzen vor Kälte oder Hitze zu schützen, sondern auch vor Hagel, Starkregen oder starkem Wind. Vielleicht suchen Sie auch Möglichkeiten, um Vögel, Rehe, Nagetiere und andere hungrige Tiere von Ihrem Gemüse fernzuhalten. Ich habe oft Besuch von Damwild, aber ein einfaches Netz, das über kleine Reifen gespannt ist, schützt meine Sämlinge vor Verbiss.

Abdeckungen halten auch Insekten wie Blattkäfer, Kohlweißlinge oder Gurkenkäfer davon ab, die Gemüsepflanzen zu dezimieren, und sie

können sogar vor einigen Pflanzenkrankheiten schützen. Die Krautfäule der Tomaten beispielsweise ist eine Pilzerkrankung, die im Freiland viel häufiger auftritt als «undercover».

Für Neulinge mag das alles nach sehr viel Arbeit klingen, aber das ist nicht der Fall – versprochen. Ich mache nicht übermäßig viel Aufhebens um meine Pflanzen, aber meine Maßnahmen zum Schutz der Ernte haben sich als einfach und wirkungsvoll erwiesen. Aus dem Sommer-Gemüsegarten ist durch sie eine ganzjährige Versorgungseinrichtung geworden.

Alle Vorschläge in diesem Buch eignen sich für einen durchschnittlich großen Garten. Fangen Sie ruhig klein an, mit einem Folientunnel. Nach ein, zwei Jahren kann ein kaltes Frühbeet hinzukommen, und mit der Zeit bekommen Sie vielleicht Lust auf etwas Größeres.

Und was wächst unter den Schutzdächern? Alles, was Sie gern essen! Nähere Informationen zu vielen Gemüsesorten und den geeigneten Schutzvorrichtungen finden Sie im zweiten Teil dieses Buches. Sie werden sehen: Undercover ernten Sie mehr, über eine längere Zeit, und Sie haben weniger Sorgen mit Schädlingen, Krankheiten und Wetterextremen.

ACHT GRÜNDE

Undercover-Gärtner zu werden

BESSERE ERTRÄGE. Wir alle möchten unseren Garten möglichst effizient nutzen. Schutzvorrichtungen sind dabei eine gute Hilfe.

KONTROLLIERTE BEDINGUNGEN. Manche Pflanzen reagieren empfindlich auf Hitze, Kälte, Wind, Hagel, Schnee und andere Witterungsbedingungen. Unter einem schützenden Dach entsteht ein Mikroklima, das die Pflanzen vor Schäden schützt.

GANZJÄHRIG ERNTEN. Ich bin stolz darauf, meine Familie an 365 Tagen im Jahr mit Gemüse aus dem eigenen Garten zu versorgen. Dabei ist das gar nicht so schwierig. Schutzdächer machen es möglich, im Frühjahr eher, im Herbst länger und sogar im Winter zu ernten.

GELD SPAREN. Wie die meisten Gärtner mag ich weder Geld noch Lebensmittel verschwenden. Und dass ich rund ums Jahr ernten kann, wirkt sich merklich in der Haushaltskasse aus.

KEINE TRANSPORTWEGE. Durch den weltweiten Transport von Lebensmitteln fallen gewaltige Kohlenstoffemissionen an. Wenn ich im Supermarkt einkaufen gehe, muss ich damit rechnen, dass der Salat vom anderen Ende der Welt kommt. Wer seinen Gemüsebedarf selbst deckt, leistet einen beachtlichen Beitrag zur Vermeidung von langen, umweltschädlichen Transporten.

WENIGER SCHÄDLINGE. Es wäre unrealistisch, wenn ich versprechen würde, dass keinerlei Schädlingsprobleme auftreten. Aber bestimmte Abdeckungen reduzieren den Befall deutlich. Insektenbarrieren, Reihenabdeckungen, Wildzäune, dicke Mulchschichten, kalte Frühbeete und Foliengewächshäuser schützen vor schädlichen Insekten und vor Verbiss durch Tiere.

UNGEWÖHNLICHE SORTEN. Wer mit Folientunneln oder Gewächshäusern die Saison verlängert, kann auch Pflanzen anbauen, die normalerweise in Regionen mit kurzer Vegetationsperiode nicht oder nur schlecht gedeihen, zum Beispiel Melonen.

SELBER BAUEN. Größere Schutzkonstruktionen wie Gewächshäuser oder geodätische Kuppeln sind relativ teuer. Wer jedoch handwerklich geschickt ist, kann sie aus handelsüblichen Materialien wie Kanthölzern, PVC-Rohren und transparenten Kunststoffplatten mit relativ geringem Aufwand selbst bauen.

TEIL 1

Der Undercover-Garten

Reihenabdeckungen, Folientunnel und kalte Frühbeete haben in meinem Nutzgarten viel bewirkt. Sie schützen meine Pflanzen vor extremen Wetterereignissen, die infolge des Klimawandels immer häufiger vorkommen. Sie halten aber auch schädliche Insekten oder hungrige Rehe, Vögel und Kaninchen auf Abstand. Weil unter den Schutzdächern ein Mikroklima entsteht, verlängern sie die Saison nach vorn und hinten, und sie bieten Samen und Sämlingen bessere Startbedingungen. Ich nutze meine Schutzvorrichtungen rund ums Jahr fast täglich: Sämlinge werden von einzelnen Glocken geschützt, Tomaten genießen die Wärme im Foliengewächshaus, Rucola bleibt unter einem Schutzvlies von Käfern verschont und robustes Gemüse kann mitten im Winter frisch geerntet werden.

1

Welcher SCHUTZ für welchen Zweck?

Schutzvorrichtungen sind viel mehr als ein Frostschutz für den Winter. Sie machen sich ganzjährig nützlich, um Erträge zu steigern, Krankheiten und Schädlinge einzudämmen, Jungpflanzen gute Startbedingungen zu bieten und die Qualität der Ernte zu verbessern. Ich setze auf verschiedene Methoden, um Wärme einzufangen oder zu reduzieren, Schatten zu spenden oder Schädlinge auf Abstand zu halten. Viele sind preiswert oder können leicht selbst gemacht werden. Für einige muss man etwas mehr ausgeben.

FOLIENGEWÄCHSHAUS
FOLIENTUNNEL
GLOCKEN

WELCHEN SCHUTZ BRAUCHT IHR GARTEN?

Letztlich hängt es von Ihren Zielen ab, welchen Schutz Sie wählen. Möchten Sie besonders früh im Jahr ernten? Leben Sie in einer Region mit kurzen Sommern, in denen es schwierig ist, wärmeliebendes Gemüse wie Tomaten und Paprika zur Reife zu bringen? Oder sind die Sommer bei Ihnen so trocken, das Gemüse für die Herbst- und Winterernte nur schlecht anwächst? Vielleicht kämpfen Sie auch mit Wild, Kaninchen, Kohlweißling-Raupen oder anderen Schädlingen. Überlegen Sie zuerst, warum Sie Schutzmaßnahmen ergreifen möchten.

Wetterschutz

Kälte, Frost, Wind, Schnee, Hagel und Starkregen können Sämlinge vernichten und größere Pflanzen schädigen. Ein kaltes Gewächshaus oder ein Folientunnel fängt Sonnenenergie ein, sodass im Inneren ein vorteilhafteres Mikroklima für das junge Gemüse entsteht. Solche Konstruktionen können die Erntezeit in den Herbst hinein verlängern oder eine Ernte zeitig im Frühjahr ermöglichen. In kühleren Regionen schaffen Sie auch Wachstumsbedingungen, unter denen Melonen oder Auberginen besser gedeihen.

DIE BESTEN MÖGLICHKEITEN

- Glocken zur vorübergehenden Abdeckung
- Folientunnel oder Vliestunnel über Reihen
- Foliengewächshäuser
- Gewächshäuser oder geodätische Kuppeln

Im Winter setze ich schützende Folientunnel auf die Hochbeete, und das kalte Frühbeet wird mit immergrünen Zweigen abgedeckt, die für Isolierung sorgen. Im Foliengewächshaus werden die Wintersalate mit Vlies abgedeckt.

Gartendesignerin Nan Sterman hat über ihrem Nutzgarten hohe Bögen mit einer Bespannung aus 1-cm-Netz errichtet. Sie lassen Licht, Luft und Regen durch, schützen aber vor gefräßigen Tieren.

Schädlingsbekämpfung

In meinem Garten hindert Fliegengitter Kohlweißlinge, Kartoffelkäfer, Gurken- und Kürbiskäfer daran, mein Gemüse zu fressen. Gleichzeitig setze ich auf konsequente Fruchtfolge, damit keine Larven oder Erreger im Boden überwintern können. Beim Insektenschutz kommt es aber auf das richtige Timing an. Ausgebracht wird Fliegengitter im zeitigen Frühjahr direkt nach der Aussaat oder Pflanzung. Wartet man zu lange, haben die Insekten die Pflanzen vielleicht schon entdeckt. Dann machen sie sich über das Gemüse her und sind dabei auch noch bestens vor Fressfeinden geschützt.

DER PASSENDE SCHUTZ

	Fliegengitter	Vlies	Schattiertuch	Glocke	Folientunnel	kaltes Frühbeet	(Folien-) Gewächshaus/ Kuppel
FROSTSCHUTZ	N	J	N	J	J	J	J
MIKROKLIMA FRÜHLING/HERBST	J	J	N	J	J	J	J
SONNENSCHUTZ	J	J	J	N	N	N	N
SCHÄDLINGSSCHUTZ	J	J	N	N	J	N	N
KRANKHEITSSCHUTZ	N	N	N	N	N	N	J
WINTERERNTE	N	N	N	N	J	J	J

Das Schutzmaterial sollte über Bögen gespannt werden. Das sieht ordentlicher aus und die Blätter können sich gut entfalten, sodass sie ausreichend Licht bekommen. Wenn das Material einmal ausgebracht ist, kann es an Ort und Stelle bleiben, bis die Pflanzen blühen (z. B. Gurken oder Kürbisse), oder bis sie geerntet werden (z. B. Brokkoli, Kopfkohl oder Kartoffeln). Halten Sie trotzdem unbedingt die Fruchtfolge ein, um Krankheiten, Schädlinge oder Nährstoffmangel zu vermeiden.

Selbst leichte Materialien bieten guten Schutz gegen Wild, Kaninchen oder Vögel. Ich breite oft Vogelschutznetze oder Vlies über frischen Saatreihen mit Bohnen, Erbsen, Mais und Salat aus, die bei den hiesigen Vögeln besonders hoch im Kurs stehen. Die Abdeckung bleibt bis zur Keimung über den Reihen. Weil sie Wärme und Feuchtigkeit speichert, kann sie die Keimung sogar beschleunigen.

DIE BESTEN MÖGLICHKEITEN

- Niedrige Bögen mit Vlies, Fliegengitter oder Vogelschutznetz
- Gegen Wild, Kaninchen und Vögel: Fliegengitter, Folientunnel, Vogelschutznetze, Kükendraht
- Gegen Insekten: Fliegengitter

Schatten

Viele Nutzpflanzen brauchen täglich mindestens 8 Stunden Sonne, damit sie kräftig wachsen. Wintersalate und andere vertragen intensive Sonnenhitze schlechter. In Gegenden mit heißem Klima ist es ratsam, solche Pflanzen zu schattieren. Ich lebe im Norden, nutze aber Schattiermaterial im Spätfrühjahr und Sommer, damit meine Lieblings-Salatgemüse wie Spinat, Rucola, Pak Choi und Kopfsalat nicht zu früh in Saat schießen.

Schattiertuch gibt es in unterschiedlichen Dichten. Die meisten von ihnen blenden 30 bis 50 Prozent Licht aus. Das Material wird normalerweise über den Gemüsebeeten gespannt, damit sich unter ihm keine Hitze staut. Ich spanne es über meine Bögen, aber man kann es auch an Stangen in den Ecken der Beete befestigen. Manche Schattiertücher haben Ösen, für andere kann man Befestigungsmaterial separat kaufen.

DIE BESTEN MÖGLICHKEITEN

- Umgedrehter Wäschekorb als schnelle Lösung
- Bögen (vom Folientunnel) mit Schattiertuch
- Lattendach
- Vliesabdeckung

Mini-Gewächshäuser mit verschiedenen Bespannungen (Folie, Netz) als Wetter- und Schädlingsschutz sind im Fachhandel erhältlich.

Weidenglocken oder umgestülpte Körbe schützen Sämlinge vor zu viel Sonne.

STRATEGISCH VORGEHEN

Vorrichtungen kombinieren

Wenn man Schutzmaßnahmen kombiniert, etwa, indem man einen Folientunnel in einem Foliengewächshaus aufbaut, verstärkt sich die Wirkung. Materialien wie Vlies, Fliegengitter oder Schattiertuch lassen sich leicht in einem Gewächshaus, einer Kuppel, einem Folientunnel oder einem Frühbeet ausbringen. Sie kosten nicht viel, sind schnell ausgebreitet und ebenso schnell wieder weggeräumt.

So eine Kombination kann für einige Stunden, Tage oder Wochen eingesetzt werden, aber auch für die ganze Saison. Ich finde sie im zeitigen Frühjahr besonders nützlich, wenn die Temperaturen in meinem Foliengewächshaus zwischen –8 °C (frühmorgens) und 35 °C (am Nachmittag) schwanken. Wenn vormittags die Temperatur steigt, öffne ich die Lüftungen. Und wenn sie abends wieder sinkt, werden die Seiten heruntergerollt oder die Fenster geschlossen, und die jungen Salatpflanzen und Wurzelgemüse werden mit einem Vlies abgedeckt. Im Winter schütze ich Salat, Wurzelgemüse und winterharte Kräuter im Gewächshaus mit Vlies über Bögen, und ins kalte Frühbeet lege ich Vlies oder eine Schicht Stroh als zusätzliche Isolierung.

Schutzmaßnahmen sind für sich genommen nützlich. Wenn man sie aber kombiniert, bieten sie noch besseren Schutz vor Kälte oder Schädlingen.

Vorübergehender Schutz

Manchmal müssen verschiedene Schutzmaßnahmen aufeinanderfolgen. Im zeitigen Frühjahr stelle ich Folientunnel über den empfindlichen Jungpflanzen auf. Wenn das Wetter wärmer wird, ersetze ich die Folie durch mittleres oder leichtes Vlies. Wenn im Beet Kohl oder Brokkoli wachsen, die anfällig für Insekten sind, wird das Vlies später durch Fliegengitter ausgetauscht. Und über Beeten mit Rucola, Spinat oder Kopfsalat, die kühlere Witterung bevorzugen, ersetze ich die Folie im Hochsommer durch Schattiertuch, damit die Pflanzen nicht so schnell in Saat schießen.

Auf Hochbeeten lässt sich so ein vorübergehender Schutz im Handumdrehen anbringen. Meine Beete sind 1,20 m breit, also genau richtig für die Bögen von Folientunneln, über die dann je nach Bedarf Folie, Schattiertuch, Vlies oder Insektengitter gespannt werden kann.

Folien und andere Abdeckungen sollten nach der Verwendung gereinigt und sauber verstaut werden. Material für Bögen, beispielsweise PVC-Rohre, Metallrohre oder Drähte, kann man mit Malerkrepp bündeln und platzsparend verstauen. Wenn alles griffbereit ist, lassen sich schnell geeignete Schutzmaßnahmen ergreifen, wenn der Wetterbericht Sturm, Hagel, Schnee oder starken Regen vorhersagt.

Kurze Geschichte

GESCHÜTZTER ANBAU

Der geschützte Anbau ist keine neue Idee. Seit Jahrtausenden haben Bauern und Gärtner sich Möglichkeiten überlegt, ihre Ernte zu schützen. Schon Plinius der Ältere beschrieb im 1. Jahrhundert eine Konstruktion, die man mit einem Gewächshaus vergleichen könnte. Diese «specularia» wurden zur Zeit von Kaiser Tiberius errichtet, um Gurken und ähnliche Früchte ganzjährig anbauen zu können.

Bei den Specularia handelte es sich um Gartenbeete mit Abdeckrahmen, die mit transparentem Glimmer gefüllt waren. Sie speicherten Wärme und ließen genug Licht an die Pflanzen gelangen. Die Specularia des Kaisers waren mit Rädern ausgestattet, sodass man sie tagsüber in die Sonne schieben und nachts unter Dach fahren konnte.

Um die Mitte des 15. Jahrhunderts gab es auch am koreanischen Hof einfache Konstruktionen, die man benutzte, um im Winter Obst und Gemüse für die königliche Tafel zu kultivieren. Den Annalen der Joseon-Dynastie zufolge wurden sie als Schutz über Obstbäumen errichtet, aber auch über Gemüse, das im Winter geerntet wurde. Man wählte sonnige Standorte und richtete die Fenster nach Süden aus, damit sie viel Sonnenlicht einfingen. An warmen Tagen wurden die Fenster geöffnet, und wenn es kalt war, legte man Strohmatten als zusätzliche Isolierung auf die geschlossenen Fenster.

Selbst bescheidene Glocken oder Cloches haben eine lange Geschichte. Im 17. Jahrhundert wurden sie in Italien eingesetzt, um früher aussäen oder Sämlinge auspflanzen zu können. Im 18. und 19. Jahrhundert bauten Küchengärtner in ganz Europa Gemüse in Beeten an, die mit frischem Mist «beheizt» wurden. Auch Glasglocken und kleine Gewächshäuser mit einer Bespannung aus geöltem Stoff oder starkem Papier waren beliebt. Englische Gärtner verwendeten bereits Beete mit Glasabdeckung, um Gurken einen früheren Start zu ermöglichen.

Jenseits des Atlantischen Ozeans haben George Washington in Mount Vernon und Thomas Jefferson in Monticello Frühbeete und Gewächshäuser genutzt, um Gemüse, Zitrusfrüchte und andere Nutzpflanzen außerhalb ihrer Saison zu kultivieren.

Mit der Erfindung der Kunststoffe kamen haltbarere und preiswertere Materialien auf den Markt, und man konnte größere Gewächshäuser bauen. Vliese, PVC, Polyethylen und andere Kunststoffe haben für uns alle Wege geebnet, auch in Gegenden mit weniger vorteilhaftem Klima eine breite Auswahl an Gemüsesorten zu kultivieren.

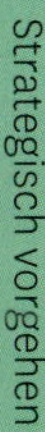

2

KLEIN ANFANGEN: Tunnel und Frühbeete

Feste Regeln für Gartenkonstruktionen gibt es nicht. Garten-Neulinge sollten klein anfangen, beispielsweise mit einem Folientunnel oder einem kalten Frühbeet. So können Sie erste Erfahrungen sammeln und Techniken lernen, etwa das rechtzeitige Vorziehen von Pflanzen vor der eigentlichen Saison oder das Regulieren der Temperatur durch die Belüftung.

Mini-Tunnel und Frühbeete kosten nicht viel, und sie sind schnell aufgebaut. Man kann sie neu kaufen oder aus gebrauchten Materialien bauen. Geeignet sind alte Fenster und Türen, Ziegelsteine, Rohrleitungen und sogar Strohballen. Neben dem einfachen Bau besteht ihr größter Vorteil meiner Meinung nach darin, dass man ihren Nutzen sofort sieht. Schon eine Woche nach der Aussaat im Frühjahr sind die ersten kleinen Sämlinge zu sehen, und ich kann frischen Salat ernten, bevor meine Nachbarn überhaupt angefangen haben, ihren Garten für die Saison vorzubereiten.

Wer ein oder zwei Jahre lang Erfahrungen gesammelt hat, bekommt möglicherweise Lust auf etwas Größeres, vielleicht ein Foliengewächshaus oder ein Gewächshaus.

MINI-TUNNEL

Ein Mini-Tunnel ist eine Art kleines Gewächshaus aus Folie. Man kann nicht hineingehen, aber diese Tunnel sind schnell gebaut, einfach zu benutzen und das Material kostet nicht viel. Sie bestehen aus zwei Komponenten: Den Bögen und der Abdeckung. Die Bögen können aus PVC-Rohr, Metall, Draht, Baustahlmatten oder sogar halbierten alten Hula-Hoop-Reifen bestehen.

Fünffacher Nutzen

Frostschutz. Ein Vlies als Abdeckung auf den Bögen schützt vor Frost und kalter Witterung, aber auch vor Starkregen, Hagel und starkem Wind.

Winterernte. Wir nutzen Tunnel, um auch im Winter ernten zu können. Dafür werden die Bögen mit kräftiger Gewächshausfolie abgedeckt. Die Enden fest zudrehen und die Ränder der Folie beschweren, damit die Pflanzen unter der Folie zuverlässig vor Winterwetter geschützt sind.

Ein Tunnel aus stabilem Draht und Gartenvlies schützt die Pflanzen während der Wachstumssaison. Tunnel mit stabileren Bögen, z. B. aus Metallrohr, eignen sich gut, um Gemüse für die kalte Jahreszeit langfristig vor Eis und Schnee zu schützen.

Schatten im Sommer. Vom Spätfrühling bis zum Frühherbst nutze ich die Folientunnel, um Pflanzen Schatten zu spenden. Salat und anderes Gemüse für die kühleren Jahreszeiten schießt im heißen Sommer schnell in Saat. Wenn man die Reihen schattiert, kann man die Erntezeit deutlich verlängern. Auch Sämlinge und junge Setzlinge sind für etwas Schatten dankbar.

Insektenschutz im Frühling, Sommer und Herbst. Ein leichtes Fliegengitter genügt, um Kohl, Kartoffeln und andere anfällige Pflanzen vor Schäden durch Insekten zu schützen. Am besten legt man das Fliegengitter gleich nach der Pflanzung über die Bögen und gräbt die Ränder ein, damit dort keine Insekten eindringen können.

Schädlingsvorbeugung im Frühling, Sommer und Herbst. Nicht alle Schädlinge sind klein. Wild, Kaninchen, Vögel, Hühner und sogar Hunde können Gemüse abfressen oder beschädigen. Das lässt sich vermeiden, indem man Vogelschutznetze oder Kükendraht über die Bögen legt.

Tunnel-Typen

Ich unterscheide zwischen leichten und robusten Folientunneln. Welchen Sie wählen, hängt vom Zweck und vom Zeitpunkt der Abdeckung ab. Wollen Sie die Bodenerwärmung im Frühling beschleunigen, Sämlinge vor Sonne oder Herbstgemüse vor frühem Frost schützen oder möchten Sie im Winter ernten?

Leichte Tunnel. Leichte Tunnel mit Bögen aus Draht verwende ich im Frühling und Herbst bei Frostgefahr. Sie schützen die Pflanzen vor kalter Witterung, leichtem Frost, starkem Regen und Wind, können aber keine Schneelast tragen. Solche Tunnel errichte ich auch über den Beeten im Foliengewächshaus, um für doppelten Frostschutz zu sorgen. Für diese Zwecke sind kräftige Drähte oder PVC-Bögen gut geeignet.

Grundsätzlich baue ich meine Folientunnel gern selbst. Das nimmt wenig Zeit in Anspruch, und ich kann sie genau auf die Größe meiner Hochbeete abstimmen. Man kann Folientunnel aber auch in verschiedenen Ausführungen kaufen. Viele sind relativ leicht und haben Bögen aus

WIE HOCH soll der Tunnel sein?

Zum Aussäen, für Setzlinge und niedriges Gemüse wie Kopfsalat, Feldsalat oder Minigemüse braucht man keine hohen Bögen. Grünkohl, Blumenkohl, Lauch, Liebstöckel und andere Nutzpflanzen können hingegen recht hoch werden. Darum muss beim Bau eines Tunnels die Größe der Pflanzen berücksichtigt werden.

Grundsätzlich sollten Tunnel so hoch sein, dass die Pflanzen die Abdeckung nicht berühren. Eine Ausnahme bildet leichtes Vlies oder Fliegengitter, das während der Wachstumsperiode zur Schädlingsabwehr über die Pflanzen gelegt wird. Dickeres Vlies und Folie sollten die Pflanzen bei kaltem Wetter nicht berühren, weil sonst die Blätter Schaden nehmen können. Dasselbe gilt für Schattiertuch im Sommer: Die Luft muss zirkulieren können, damit sich die Hitze nicht staut.

Draht. Die gekauften Sets sind für meine Beete allerdings oft zu schmal oder zu kurz.

Robuste Tunnel. Diese Tunnel baue ich aus 3,50 m langen Stücken PVC- oder Metallrohr (½ Zoll). Sie sind so stabil, dass sie auch Schneelast tragen können, und eignen sich gut als Winterschutz. Wer in einer Gegend mit starkem Schneefall wohnt, sollte zusätzlich in der Mitte Stützen anbringen.

Die Bögen

Draht. Am schnellsten lassen sich Bögen aus dickem Draht (3 mm) bauen, den man als Rollenware in jedem Baumarkt bekommt und mit einer Zange abkneifen kann. Die Länge der Drahtstücke hängt davon ab, wie breit das Beet ist und wie hoch der Tunnel sein soll.

Für meine 1,20 m breiten Beete schneide ich 2,40 m lange Drähte zu. So haben die Bögen eine Höhe von etwa 90 cm, bevor die Drahtenden in die Erde gesteckt werden.

Für mein 90 cm breites Foliengewächshaus schneide ich 1,80 m lange Drähte zu und bekomme Bögen, die vor dem Einstecken in die Erde ca. 60 cm hoch sind. Im Beet haben sie dann eine Höhe von 40–45 cm. Diese flachen Tunnel eignen sich gut als Schutz für niedriges Gemüse wie Rucola, Blattsalat und asiatisches Blattgemüse.

Draht lässt sich außerdem von Hand zu eckigen «Bögen» biegen, sodass der Tunnel auf der gesamten Beetbreite dieselbe Höhe hat.

PVC-ROHR

PVC-Rohr. Seit mehr als zehn Jahren baue ich die meisten meiner Folientunnel mit ½ Zoll starkem PVC-Rohr. Das Rohr gibt es für wenig Geld im Baumarkt zu kaufen, es lässt sich leicht verarbeiten und ist stabil und haltbar.

Um die Bögen aufzustellen, schlagen Sie auf beiden Seiten des Beetes in Abständen von etwa einem Meter Eisenstäbe in den Boden. Dann biegen Sie das Rohr und stecken seine Enden auf die Eisenstäbe. Weil ich in einer Gegend mit starkem Schneefall wohne, bringe ich zusätzlich in der Mitte jedes Bogens eine Stütze an. Ohne sie würden die Tunnel möglicherweise unter größerer Schneelast zusammenbrechen.

Metallrohr. Aus Metallrohr (½ Zoll) kann man sehr stabile Bögen für Tunnel mit Vlies- oder Folienabdeckung bauen. Diese Bögen halten viele Jahre lang, und sie verkraften Schneelast ohne eine zusätzliche Mittelstütze. Achten Sie aber darauf, dass die Abdeckung gut gespannt ist, und schütteln Sie Schnee regelmäßig ab. Metallrohre von 3,50 m Länge kann man in Baumärkten kaufen. Sie können ohne zusätzliche Eisenstangen direkt im Boden verankert werden. Stecken Sie dafür die Enden 15–20 cm tief ins Erdreich. Die Abstände zwischen den Bögen sollten etwa 1 m betragen.

Die einzige Herausforderung besteht darin, die Metallrohre zu biegen. Ich habe vor einigen Jahren ein Werkzeug gekauft, mit dem man aus 3,50 m langen Rohren herrlich stabile Bögen biegen kann. Dieses Werkzeug war ein Geschenk des Himmels, und das Biegen macht richtig Spaß. Es hat nur wenige Minuten gedauert, bis ich den Dreh heraushatte, und jetzt brauche ich knapp eine Minute, um einen Bogen herzustellen.

Zum Biegen muss das Werkzeug zuerst an einem stabilen Unterbau befestigt werden, zum Beispiel einer Werkbank oder einem Picknicktisch. Dann legt man ein gerades Rohr ein und zieht kräftig am Ende, bis die gewünschte U-Form entsteht.

Die Anschaffung eines Biegewerkzeugs lohnt sich für Schrebergartenvereine oder Gemeinschaftsgärten, in denen mehrere Gärtner Tunnel bauen und sich die Kosten teilen können.

METALLROHRE BIEGEN

Mit meinem Biegewerkzeug für Metallrohre sind Bögen für niedrige Tunnel schnell gemacht. Das Werkzeug muss auf einer stabilen Unterlage montiert werden. Ich verwende dafür eine schwere Palette.

1 Für einen Bogen mit 1,20 m Durchmesser schieben Sie ein 3,50 m langes Metallrohr (½ Zoll oder ¾ Zoll) so in die Führungslasche ein, dass sein Ende 40 cm übersteht.

2 Das andere Ende des Rohres erfassen und biegen, bis es am Biegewerkzeug anliegt.

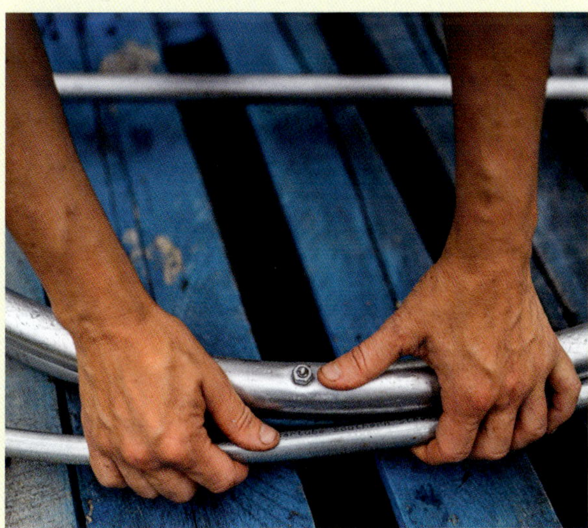

3 Nun das Rohr durch die Führungslaschen schieben, bis es mittig auf dem Biegewerkzeug sitzt.

4 Die Enden des Rohrs aufeinander zu drücken, bis sie parallel verlaufen und das Rohr eine gleichmäßige U-Form hat. Nach ein paar Versuchen dauert das Biegen kaum mehr als eine Minute.

BAUSTAHLMATTEN

Auch aus Baustahlmatten lassen sich gute Bögen für leichtere Abdeckungen bauen. Das Metallgeflecht einfach biegen und beide Kanten in den Boden stecken. Das geht am besten in Hochbeeten mit einer festen Einfassung aus Holz oder Stein. Anschließend Fliegengitter, Vlies oder Folie über die Bögen breiten und die Ränder gut beschweren, zum Beispiel mit einem Brett, das an der Hochbeeteinfassung festgeschraubt wird. Aus größeren Baustahlmatten kann man auch ein kleines Foliengewächshaus bauen.

Die Abdeckung

Auch bei der Abdeckung stehen verschiedene Materialien zur Auswahl, und wieder kommt es auf den Einsatzzweck an. Wollen Sie Gemüse vor Sonne oder Frost schützen, die Bodenerwärmung beschleunigen oder wärmeliebenden Pflanzen wie Melonen oder Auberginen ein paar Grade mehr zukommen lassen?

KUNSTSTOFF

Man bekommt, was man bezahlt. Anfangs habe ich billige Malerfolien als Winterschutz eingesetzt, aber das dünne Plastik hielt dem Winterwetter nicht stand und flatterte bald zerfetzt im Wind. Heute verwende ich nur noch Gewächshausfolie. Sie ist teurer, hält aber bei guter Pflege jahrelang. Dünnere Folien können als leichter Schutz im Frühling, Sommer oder Frühherbst eingesetzt werden.

Malerfolie. Diese dünnen Folien sind nicht UV-beständig. Sie halten im Freien nur wenige Monate und eignen sich nicht als Langzeitlösung. Andererseits sind sie sehr preiswert und können durchaus benutzt werden, um Pflanzen kurzzeitig vor Frost zu schützen, die Bodenerwärmung zu beschleunigen oder ein Mikroklima für wärmeliebende Pflanzen zu schaffen.

Perforierte Folien. Von diesen eher dünnen Folien habe ich erst wenige ausprobiert. Sie haben kleine Löcher oder Schlitze und sollen die Temperatur durch diese automatische Belüftung regulieren. Der Einsatz ist sinnvoll, um Gemüse etwa einen Monat vor dem normalen Pflanztermin zu pflanzen.

Gewächshausfolie. UV-beständige Gewächshausfolie kann man in Gartencentern in verschiedenen Stärken als Meterware oder in ganzen Rollen kaufen. Auf den Quadratmeter gerechnet, ist Rollenware preisgünstiger als Meterware. Wer nur wenige Folientunnel bauen will, kommt mit Meterware trotzdem günstiger weg. Wenn Sie viele Tunnel bauen möchten oder sich die Kosten mit Gartennachbarn oder -mitbenutzern teilen, lohnt sich der Kauf einer ganzen Rolle. Weitere Informationen über Gewächshausfolie finden Sie auf Seite 56.

VLIES

Vlies besteht aus durchscheinenden Polypropylenfasern. Es lässt Licht, Luft und Wasser durch. Tunnel mit Vliesabdeckung setze ich seit über 20 Jahren mit großem Erfolg in meinem Garten ein. Sie haben sich bewährt, um Pflanzen vor Kälte und Frost zu schützen, aber auch vor Insekten, Rehen, Kaninchen und anderen unerwünschten Mitessern. Im Winter kann man Vlies einsetzen, um Mulch über Wurzelgemüse an seinem Platz zu halten, oder um Pflanzen zu isolieren, von denen Samen abgenommen werden sollen.

Vliese gibt es in verschiedenen Stärken. Die leichtesten lassen mehr Licht durch, speichern Wärme aber nicht sonderlich gut. Starke Vliese lassen weniger Licht durch, besitzen dafür aber eine gute Isolierwirkung. Der Zweck bestimmt, welches Vlies sich am besten eignet. Wollen Sie Salat vor Frost schützen? Kohlfliegen oder Kartoffelkäfer von Ihren Pflanzen fernhalten? Oder wollen Sie Gemüse vor zu heißer Sommersonne schützen? In meinem Garten kommen hauptsächlich leichte und mittlere Vliese zum Einsatz. Schwere Vliese verwende ich im Winter, wenn die Pflanzen nicht wachsen.

Fliegengitter. Dies ist das dünnste Abdeckmaterial. Es bietet wirksamen Schutz vor Schädlingen wie Kartoffelkäfern, Kohlfliegen und Kohlweißling-Larven, aber auch vor Vögeln, Rehen und Kaninchen. Außerdem hält es Insekten wie Gurken- und Flohkäfer fern, die Krankheiten übertragen können. Wer mithilfe von Fliegengittern den Schädlingsbefall vermeidet oder verringert, kann auch in den folgenden Jahren mit geringerem Befall rechnen.

Fliegengitter lässt Wasser und etwa 90% Licht durch. Weil es auch luftdurchlässig ist, kommt es darunter nicht zum Hitzestau. Es eignet sich, um Tomaten, Paprika oder Auberginen im Sommer vor Insekten zu schützen, ist aber als Frostschutz zu dünn. Wer nichts anderes im Haus hat, kann es bei Frostgefahr doppelt legen.

Insekten-SCHUTZ

Fliegengitter gibt es in verschiedenen Qualitäten. Alle lassen Licht, Luft und Wasser an die Pflanzen, bilden aber eine Barriere gegen zahlreiche schädliche Insekten und halten auch größere Schädlinge wie Rehe, Kaninchen, Vögel und Eichhörnchen sowie Haustiere wie Hunde und Katzen fern. Damit die Schädlingsabwehr funktioniert, müssen die Ränder der Netze eingegraben, beschwert oder anderweitig gesichert werden. Sie können vorübergehend eingesetzt werden oder die ganze Saison im Einsatz bleiben. Im zweiten Fall ist es wichtig, dass die Tunnel den Pflanzen genug Platz zum Wachsen lassen.

Netze sind transparenter als Vliese, lassen also mehr Licht durch. Man kann sie direkt auf die Pflanzen legen, ich drapiere sie aber lieber über Bögen aus Draht oder PVC-Rohr oder andere Stützkonstruktionen. Das sieht ordentlicher aus und bietet besseren Schutz vor größeren Schädlingen.

Fliegengitter ist auch praktisch, um Pflanzen für die Samenernte zu isolieren oder Kreuzbestäubung bei Gurken, Melonen oder Kürbissen zu vermeiden. Von Pflanzen, die durch andere bestäubt werden, müssen die Abdeckungen aber vor der Blüte abgenommen werden.

Leichtes Vlies. Meist verwende ich leichtes Vlies (20 g/m²). Es ist dünn genug, um Licht durchzulassen (ca. 85%), bietet Frostschutz bis –2 °C und kann im Frühling oder Herbst wochenlang im Garten bleiben. An milden Tagen abnehmen, um für gute Luftzirkulation zu sorgen.

Diese Vliese machen sich auch nützlich, um junge Sämlinge vor Hagel, Starkregen oder starkem Wind zu schützen. Im Gegensatz zu Fliegengitter bieten sie auch eine leichte Isolierwirkung. Zudem schützen sie vor Schädlingen, da sie aber weniger lichtdurchlässig sind als Fliegengitter, können sie das Wachstum der Pflanzen verlangsamen.

Mittelstarkes Vlies. Vlies mit einem Gewicht von 30 g/m² ist weniger vielseitig als leichteres Material, als vorübergehender Frostschutz aber durchaus nützlich. Es isoliert bis –3°C, lässt aber wegen seiner Stärke nur etwa 70 % Licht durch. Darum sollte es während der Wachstumssaison nur kurzzeitig verwendet werden. Im Frühling und Sommer kann es aber Saatbeete und Jungpflanzen vor Wetterschäden und Fraßschäden durch Wild, Kaninchen oder Vögel schützen.

Wenn im Herbst die Tageslänge sinkt, decke ich die Reihen mit überwinterndem Gemüse mit mittelstarkem Vlies ab. Es ist reißfester als Fliegengitter und leichtes Vlies und eignet sich besonders gut als Abdeckung für Beete mit einer dicken Mulchschicht, etwa auf Wintermöhren und Lauch.

Schweres Vlies. Vlies mit einer Stärke von 50–70 g/m² dient als warme Decke für Wintergemüse und bietet Frostschutz bis –4 °C. Unter dem Vlies staut sich die Wärme, sodass sich die Erntesaison für das Wintergemüse um Wochen oder sogar Monate verlängert. Es sollte unbedingt über Bögen aus PVC- oder Metallrohr gelegt werden, damit es keinen direkten Kontakt zu den Pflanzen hat. So lässt sich ein Wintertunnel für Gemüse wie Grünkohl, Spinat, Feldsalat und andere kälteverträgliche Arten schaffen.

Je nach Hersteller lässt schweres Vlies nur etwa 30–50 % Licht durch, darum sollte es im Frühling oder Frühherbst nur für wenige Tage über Sämlingen ausgebreitet werden, weil diese viel Licht zum Wachstum brauchen.

KENNZEICHNEN!

Einmal im Gebrauch, lassen sich die verschiedenen Vliese nicht so leicht unterscheiden. Darum empfiehlt es sich, sie in einer Ecke deutlich mit einem wetterfesten Marker zu beschriften, z. B. mit einem L für leicht, einem M für mittelschwer und einem S für schwer.

SECHS EINSATZGEBIETE FÜR FLIEGENGITTER UND VLIES

Frostschutz. Dies ist die Hauptfunktion im Frühjahr und Herbst. Das Vlies einfach auf Beete legen, über Bögen ausbreiten oder um die Stützen von Tomaten wickeln, um sie vor Frost zu schützen.

Schutz vor Starkregen und Hagel. Im Frühling und Herbst kann das Wetter plötzlich umschlagen. Ein heftiger Regenguss oder Hagelschauer kann junge Sämlinge oder Setzlinge verletzen oder wegschwemmen. Solche Schäden lassen sich leicht vermeiden, wenn man Vlies zur Hand hat und bei Bedarf schnell über den Beeten ausbreitet.

Schatten im Sommer. Viele Gemüsearten lieben volle Sonne, aber einige kommen mit Halbschatten besser zurecht. Dafür lässt sich mit einem Vlies sorgen. Salatgemüse neigen im Spätfrühling und Frühsommer dazu, in Saat zu schießen. Wer sie schattiert, kann die Ernte um einige Wochen verlängern. Zudem bleibt im Schatten die Erde länger feucht, und empfindliche Jungpflanzen sind weniger Stress ausgesetzt.

Bodenfeuchtigkeit. Um die Verdunstung von Bodenfeuchtigkeit zu verringern, kann man Vlies direkt nach der Aussaat im Frühling, Sommer oder Frühherbst einsetzen. Besonders bewährt hat es sich im Hoch- bis Spätsommer, wenn der Boden heiß und trocken ist und die Samen des Herbst- und Wintergemüses nur schwer keimen.

Schädlingsvorbeugung. Lästige Schädlinge wie Kohlweißling-Raupen oder Kohlfliegen lassen sich mit einem Fliegengitter in Schach halten. Es muss aber ausgebracht werden, *bevor* der Befall auftritt. Anderenfalls sperrt man die Schädlinge unter dem Fliegengitter ein, wo sie vor Fressfeinden geschützt sind und ein wahres Schlemmerbuffet vorfinden. Wenn man Vlies einsetzt, ist es besonders wichtig, die Fruchtfolge einzuhalten. Viele Gartenschädlinge überwintern als Eier oder erwachsene Tiere im Boden und kommen im Frühjahr wieder zum Vorschein. Pflanzt man eine Gemüseart, die für einen bestimmten Schädling anfällig ist, Jahr für Jahr auf dasselbe Beet, wachen die Insekten oder Larven womöglich unter der Insektenbarriere aus dem Winterschlaf auf. Fliegengitter kann auch eingesetzt werden, um größere Schädlinge wie Vögel, Kaninchen oder Rehe davon abzuhalten, die Ernte zu vertilgen.

Mulch festhalten. Im Winter ernten wir hauptsächlich Spross- und Wurzelgemüse. Möhren, Rote Bete, Knollensellerie und Lauch lassen sich in den meisten Gegenden gut überwintern, wenn man sie mit einer dicken Mulchschicht aus Laub oder Stroh bedeckt. Damit die isolierende Mulchschicht nicht von Wind oder Regen weggetragen wird, verwende ich alte Vliese, die ich einfach auf die Beete lege und mit Steinen oder Ästen beschwere. Zum Ernten heben wir einfach die Gewichte an und schieben den Mulch zur Seite.

Die Seitenränder von Vlies oder Folie müssen großzügig überstehen, damit man sie beschweren kann. Das ist wichtig, damit sie nicht im Wind flattern und damit keine Schädlinge eindringen können.

Welche GRÖSSE?

Vliese und Folien kann man in verschiedenen Längen und Breiten abgepackt kaufen, außerdem gibt es sie als Meterware in mehreren Breiten. Extrabreite Rollen sind für den gewerblichen Bedarf gedacht. Der Quadratmeterpreis für Rollenware ist meistens günstiger. Wer eine so große Menge nicht braucht, könnte sich mit Gartennachbarn oder Mitbenutzern eines Gemeinschaftsgartens zusammentun, um sich das Material und die Kosten zu teilen.

Für mich ist die Breite der wichtigste Faktor, denn das Material soll ja meine Reihen bedecken. Und da ich es normalerweise über Bögen ausbreite, muss auch deren Größe beim Materialkauf einkalkuliert werden. Außerdem rechne ich noch eine Zugabe ein, um die Ränder des Materials einzugraben oder zu beschweren, damit es nicht vom Wind weggeblasen wird.

Fliegengitter und leichtes Vlies bleibt oft wochenlang über empfindlichen Pflanzen. In diesem Fall muss das Material großzügig bemessen sein, damit es Platz für die wachsenden Pflanzen bietet.

SCHATTIERGEWEBE

Der Wert von Schattiergewebe im Garten wird oft unterschätzt. Wie Vlies eignet es sich ausgezeichnet, um die Saison zu verlängern, die Qualität der Ernte zu verbessern oder Pflanzen vor unfreundlichem Wetter zu schützen. Vlies wird normalerweise als Kälteschutz eingesetzt, Schattiergewebe dagegen als Hitzeschutz. Natürlich spendet auch Vlies ein gewisses Maß an Schatten, meiner Erfahrung nach eignet sich Schattiergewebe aber besser, um die Umgebungstemperatur zu senken und dadurch das vorzeitige Schießen zu verhindern oder das Aufgehen von Sommersaaten zu verbessern.

Schattiergewebe kann im Garten eingesetzt werden, aber auch im Folientunnel oder Gewächshaus. Es besteht aus schwarzen oder dunkelgrünen gewebten oder gewirkten Polypropylenfäden. Die Dichte des Materials bestimmt, wie viel Licht es durchlässt bzw. wie stark die schattierende Wirkung ist (zwischen 5 und 90 %). Für die meisten Zwecke eignet sich Schattiergewebe mit einer Schattierwirkung von 30–50 %.

Der ideale Typ hängt von verschiedenen Faktoren ab, etwa der zu schützenden Pflanzenart, dem Zweck des Schutzes und der geografischen Lage. Gärtner in nördlichen Regionen, die die vorzeitige Samenbildung von Salat und anderem Kühlsaison-Gemüse verzögern wollen, kommen meist mit einer Schattierwirkung von 30 % gut zurecht. In südlichen Gegenden wird man für denselben Zweck eine Schattierwirkung von 50 % benötigen.

Schattiergewebe gibt es fertig zugeschnitten und abgepackt, als ganze Rolle oder als Meterware zu kaufen. Fertige Zuschnitte sind oft mit Ösen versehen, sodass man sie leicht in Gewächshäusern aufhängen oder über Folientunneln ausbreiten und befestigen kann. Wer Rollenware kauft, kann solche Ösen leicht mit einer Ösenzange anbringen oder das Schattiergewebe einfach mit Klammern befestigen.

Tragekonstruktionen für Schattiergewebe kann man selbst bauen. Einige Hersteller bieten auch Bausätze für Schattiertunnel in verschiedenen Längen und Breiten an, die man im späten Frühjahr oder Sommer einfach über den Beeten aufstellen kann.

Schattiergewebe auf Bögen macht sich auch als Windschutz für Sämlinge und Jungpflanzen nützlich.

Fünf Einsatzgebiete für SCHATTIERGEWEBE im Gemüsegarten

- **Samenbildung verzögern.** Wenn Salat, Spinat oder Rucola im Spätfrühling oder Sommer Samen bilden, schmecken die Blätter bitter. Zu viel Sonne begünstigt die Samenbildung.
- **Sämlinge abhärten.** Sonnenschutz für Sämlinge, die in Töpfen oder Schalen unter Wachstumslampen oder an einem sonnigen Fenster gezogen werden. Auch zum Schutz junger Sämlinge vor Hagel oder Starkregen.
- **Bodenfeuchtigkeit.** Schattierter Boden bleibt länger feucht. So bleibt frisch umgesetzten Pflanzen Stress erspart.
- **Schatten in größeren Gartengebäuden.** Sonnenschutz in größeren Gewächshäusern aus Glas oder Folie sowie Kuppeln, außerdem zum Anbau von Blattgemüse und anderen Kaltwetterarten im Frühling, Sommer und Herbst.
- **Schutz vor Sonnenbrand.** Schutz von Pflanzen wie Tomaten, Auberginen und Paprika, die zwar viel Wärme brauchen, in heißen Regionen aber durch zu intensive Sonnenbestrahlung Schaden nehmen und welken können.

Abdeckungen gut befestigen

Selbst schwere Folien, Vliese und Schattiergewebe muss man gut befestigen, damit sie nicht vom Wind weggeweht werden. Dafür gibt es mehrere Möglichkeiten. Klammern verschiedener Art kann man kaufen oder aus stabilem Draht (z. B. von alten Drahtkleiderbügeln) selbst biegen. Zur Befestigung der Abdeckung an Rohren aus PVC oder Metall gibt es spezielle Klemmen, alternativ kann man sich mit längs aufgeschnittenen Schlauch- oder Rohrstücken behelfen. Am einfachsten ist es, die Ränder mit Steinen, Ästen oder anderem Material (ohne scharfe Kanten!) zu beschweren.

Manche dieser Hilfsmittel muss man durch das Material stechen, um es am Boden zu befestigen. Dabei entstehen Löcher, die leichter ausreißen und so die Lebensdauer des Materials verkürzen.

Abdeckungen für den Winter sollten auch an den Enden gut verschlossen werden. Ich drehe Vlies oder Folie fest zusammen und sichere die Enden zusätzlich mit Schnur oder Klammern. Zum Ernten muss dann die Schnur oder Klammer abgenommen werden.

Schädlinge aussperren. Wenn die Abdeckung vor Schädlingen schützen soll, darf sie nirgends ein Schlupfloch haben. Das Material sollte im Boden festgesteckt und zusätzlich mit Brettern oder Steinen beschwert werden, alternativ kann man die Ränder ringsherum eingraben. Der Schutz funktioniert nur, wenn wirklich kein Schädling eindringen kann.

Wichtig ist außerdem, den Schutz zu errichten, bevor der Schädling auftritt. Anderenfalls schützt das Vlies oder Gitter die Schädlinge, die bereits am Gemüse sitzen, und sie können sich in aller Ruhe daran vollfressen.

Erfolgreicher Anbau im Tunnel

Wer Gemüse im Tunnel anbauen möchte, muss einiges beachten.

Lüftung. Tunnel aller Art müssen bei Bedarf gelüftet werden, denn die Innentemperatur kann im Frühjahr und Herbst selbst an bedeckten Tagen schnell ansteigen. Öffnen Sie dann die Enden des Tunnels, damit die Luft gut zirkulieren kann. Gute Belüftung fördert das gesunde Wachstum und beugt vor allem Pilzkrankheiten vor.

Verwenden Sie Klammern, um die Enden des Tunnels offen zu halten. Wenn die Temperatur am späten Nachmittag sinkt, werden die Enden für die Nacht wieder geschlossen.

Im Winter lüfte ich meine Tunnel nur, wenn die Temperatur über 4 °C steigt. Die einzige Ausnahme bilden meine niedrigen Folientunnel im Gewächshaus. Ich baue sie über den Beeten auf, um in der kältesten Zeit – meist von Anfang

Aktenklammern eignen sich zur kurzzeitigen Befestigung im Frühjahr oder Herbst. Für den Winter verwende ich spezielle Klemmen, die das Material auch über längere Zeit sicher an PVC- oder Metallbögen festhalten.

Januar bis Mitte Februar – für zusätzliche Isolierung zu sorgen. In Phasen mit milderem Wetter nehme ich die Folientunnel ab, damit die Pflanzen möglichst viel Sonnenlicht bekommen und damit die Luft zirkulieren kann.

Bewässerung. Fliegengitter, Vlies und Schattiergewebe sind wasserdurchlässig, es ist also keine zusätzliche Bewässerung notwendig. Folientunnel dagegen sind wasserundurchlässig, Sie müssen also den Schlauch ausrollen.

Mit einer Gießkanne kann man die Pflanzen nur bewässern, wenn man die Folie abnimmt. Ich verwende lieber einen Schlauch mit Gießstab, um alle Pflanzen gleichmäßig zu versorgen. Gießen Sie möglichst morgens, damit die Pflanzen tagsüber abtrocknen können. Auf feuchten Blättern siedeln sich leicht Pilze an.

Im Frühling, Sommer und Herbst muss regelmäßig bewässert werden. Im Winter wachsen die Pflanzen nicht aktiv und brauchen nicht gegossen zu werden.

Zusätzlicher Winterschutz. Wenn im Frühherbst die ersten Fröste drohen, stelle ich die Bögen für meine Mini-Tunnel über den Hochbeeten auf. In den ersten Wochen genügt Vlies als Kälteschutz. Wenn es kälter wird, breite ich über dem Vlies Folie aus, um das Gemüse besser zu schützen.

Abdeckungen sauber halten

Ein makellos weißes Vlies wird im Garten binnen kurzer Zeit schmuddelig, das lässt sich kaum vermeiden. Allerdings verringert der Schmutz die Lichtdurchlässigkeit des Materials, und die Schmutzpartikel können aufgrund der Reibung Vlies und Folie auch beschädigen oder ihre Lebensdauer verkürzen. Darum lohnt es sich, die Abdeckungen sauber zu halten.

Am einfachsten ist es, die Abdeckungen aufzuhängen und mit einem Schlauch abzuspritzen. Ich hänge sie über den Gartenzaun oder die Wäscheleine und richte einen harten Wasserstrahl darauf. Man kann Vliese auch im Schonprogramm in der Waschmaschine waschen, zum

Damit sich keine Hitze staut, die Enden von Folientunneln bei Temperaturen über 4 °C zum Lüften öffnen.

Schmutziges Vlies lässt weniger Licht durch. Man kann es aber im Schonwaschgang waschen oder mit einem Schlauch abspritzen.

GUTE PFLEGE

VLIES. Die Lebensdauer von Vlies hängt vom Typ und von der Art der Verwendung ab. Dünnes Fliegengitter reißt leicht und muss sehr vorsichtig behandelt werden. Dickes Vlies dagegen ist relativ robust. Auch die Befestigung an den Bögen spielt eine Rolle. Manche Klammern sind scharfkantig und können das Material durchscheuern oder einreißen. Die Kanten meiner selbst gemachten Clips aus Rohrstücken schleife ich vor der ersten Verwendung ab.

SCHATTIERGEWEBE. Dieses Gewebe ist sehr robust und hält normalerweise 10–12 Jahre.

FOLIE. Ich versuche, Kunststoff möglichst zu recyceln. Wenn am Foliengewächshaus eine Bahn erneuert werden muss, verwende ich die intakten Stücke der alten Bahn noch für Folientunnel. Diese gebrauchten Stücke halten etwa 2–3 Jahre. Neue Folie hat eine Lebensdauer von etwa 5–6 Jahren.

Trocknen aufhängen und zusammengefaltet bis zur nächsten Verwendung verstauen.

Schattiergewebe wird meist höher aufgehängt und verschmutzt nicht so stark wie Vlies oder Folie. Am besten hängt man es auf oder breitet es auf dem Rasen aus, um es mit dem Schlauch abzuspritzen. Danach an der Luft trocknen lassen, zusammenfalten und verstauen.

Wenn ich Folie abnehme, breite ich sie auf dem Rasen aus, spritze sie mit dem Schlauch ab und säubere sie dann mit Wasser und einem milden Spülmittel. Das geht am besten mit einem Reinigungsschwamm mit einem langen Griff.

FRÜHBEETE

Ein kaltes Frühbeet ist eigentlich nur ein Kasten mit durchsichtigem Deckel. Für Einsteiger in die Undercover-Gärtnerei ist es ideal, weil es einfach zu verwenden und zu pflegen ist, und weil man darin im Frühling, Herbst und Winter viele verschiedene Gemüsearten anpflanzen kann. Das Frühbeet fängt Sonnenwärme ein und erzeugt dadurch ein Mikroklima. Es schützt die Pflanzen vor Austrocknung durch winterlichen Wind, aber auch vor Hagel und Starkregen.

Ich nutze Frühbeete seit Jahren, um im Vorfrühling, Herbst und Winter kälteverträgliche Gemüse und Kräuter zu ernten. Andere Gärtner ziehen darin Sämlinge für ihre Gemüsebeete vor. Man kann in einem Frühbeet auch Sämlinge, die im Haus vorgezogen wurden, abhärten, bevor sie an ihren endgültigen Platz im Garten gepflanzt werden.

Der beste Platz

Gemüse, das im Winter wachsen soll, braucht möglichst viel Sonne, am besten also einen nach Süden ausgerichteten Standort. Wir haben unser Frühbeet an einem abschüssigen Platz im Garten aufgebaut, wo der Schnee im Frühjahr zuerst schmilzt. Tief liegende Bereiche sollte man meiden: Sie können Frostfallen sein oder eine schlechte Drainage haben. Wer regelmäßig aus dem Frühbeet ernten will, sollte es in der Nähe des Hauses anlegen, wo es auch zum Lüften und Gießen leicht erreichbar ist.

Ein kaltes Frühbeet kann frei stehen oder an ein Wohnhaus, Gewächshaus oder einen Schuppen angebaut werden. Wenn sich seine Nordseite an ein Gebäude anschließt, ist es gut vor kaltem Nordwind geschützt. Ein frei stehendes Frühbeet kann etwas ins Erdreich eingesenkt werden, um den Schutz vor Frost und kaltem Wind zu verbessern.

Frühbeete können aus verschiedenen Materialien bestehen. Modelle mit Holzrahmen eignen sich gut für die Winterernte. Mit einem Frühbeet aus Kunststoff kann man die Ernte im Frühjahr oder Herbst um bis zu zwei Monate verlängern.

Bausätze

Bausätze gibt es in vielen Ausführungen zu kaufen. Wer sich dafür entscheidet, sollte zuerst Bewertungen lesen oder sich einige Modelle im Gartencenter ansehen. Manche hochwertigen Frühbeete bestehen aus einem Kasten aus witterungsbeständigem Holz wie Lärche oder Zeder und einem Deckel mit Polycarbonat-Doppelplatten. Bei anderen Modellen bestehen Kasten und Deckel aus Polycarbonat. Es gibt sogar raffinierte Modelle mit Schiebedeckel, zwei Kästen oder automatischer Belüftung. Sie alle sehen im Garten chic aus, sind aber recht teuer. Man muss schon eine Menge Salat ernten, damit der Anschaffungspreis sich amortisiert. Außerdem sind viele dieser Modelle relativ klein, oft nur etwa 60 × 90 cm.

Material für den Selbstbau

Wer ein Frühbeet selbst bauen möchte, hat verschiedene Optionen. Entscheidende Faktoren sind das Budget, die verfügbaren Materialien, das handwerkliche Geschick und die gewünschte Langlebigkeit des Frühbeetes. Suchen Sie eine schnelle, unkomplizierte Lösung, oder soll es ein Frühbeet sein, das Sie viele Jahre lang nutzen können? Hier finden Sie Tipps zu den geeigneten Materialien.

DER KASTEN

Ein Frühbeet kann man aus vielen Materialien bauen, beispielsweise Holz, Ziegelsteinen, Gasbetonsteinen oder Kunststoff. Wenn es ganz schnell gehen soll, genügen sogar Strohballen.

Holz. Ich verwende am liebsten Holz, weil es gut isoliert, stabil ist, nicht zu viel kostet, überall zu beschaffen ist und sich leicht verarbeiten lässt. Ein Frühbeet aus witterungsbeständigem Holz wie Lärche kann durchaus 8–10 Jahre halten. Außerdem lässt sich aus Holz am leichtesten ein Kasten mit einer Deckelneigung von 10–15 Grad bauen, der für optimale Lichtausbeute sorgt.

Ziegel- und Gasbetonsteine. Ziegel- und Gasbetonsteine haben den Vorteil, dass sie Wärme absorbieren. Allerdings ist es schwierig, die optimale Deckelneigung ohne spezielle Kenntnisse und Werkzeuge herzustellen. Einfacher ist es, einen Kasten mit 30–45 cm hohen Wänden und geradem Deckel zu bauen. Wenn er lange halten soll, müssen die Steine mit Mörtel aufgesetzt werden.

Kunststoff. Auch aus transparenten Polycarbonatplatten kann man ein Frühbeet bauen. Solche Konstruktionen mit einem Aluminium- oder Holzrahmen sehen gut aus und lassen viel Licht ins Innere, speichern aber keine Wärme und isolieren bei Kälte nicht so gut wie ein Holzkasten. Außerdem sind sie nicht so stabil wie Holz, was bei starkem Wind oder Schnee ein Problem sein kann. Ich benutze sie im Frühling und Herbst als Schutz für zarte Pflanzen, aber im Winter können sie mit meinen Frühbeeten aus Holz nicht mithalten. Unter den Gemüsearten für den Winter hatte ich Erfolg mit kältetoleranten Sorten wie Grünkohl, Tatsoi und Feldsalat. Auch Möhren gediehen gut, wenn das Frühbeet als Extra-Isolierung mit geschreddertem Laub gefüllt war.

Strohballen. Dies ist das Material der Wahl, wenn man schnell, kostengünstig und ohne handwerkliche Kenntnisse ans Ziel kommen möchte. Ich stapele gern Strohballen um kälteverträgliche

WELCHES HOLZ eignet sich?

Holz ist das beliebteste Baumaterial für Frühbeete, verrottet aber leider irgendwann. Allerdings hängt die Lebensdauer von der Holzart ab. Informieren Sie sich vor dem Holzkauf.

WEICHHOLZ ODER HARTHOLZ. Grundsätzlich ist langsam wachsendes Hartholz wie Eiche oder Buche fäulnisbeständiger als Weichholz wie Fichte oder Kiefer. Ich verwende allerdings seit fast 20 Jahren Hemlock, ein Weichholz, für meinen Garten.

GEEIGNETE NADELHÖLZER. Aus einheimischem, unbehandeltem Hemlock-Holz habe ich Dutzende von Hochbeeten und Frühbeeten gebaut. Das Holz hält etwa 8–10 Jahre, ist erschwinglich und bekommt mit der Zeit eine silbrige Patina. Ebenso gut eignet sich Lärchenholz oder das wesentlich teurere Zedernholz.

DICKER HÄLT LÄNGER. Dickere Bretter verrotten langsamer, Frühbeete aus mindestens 5 cm starken Bohlen halten also länger. Wir haben alle unsere Früh- und Hochbeete aus so dickem Holz gebaut.

EINHEIMISCH ODER FSC. Erkundigen Sie sich vor dem Kauf im Baumarkt oder Holzhandel nach der Herkunft des Holzes. Im Interesse der Umwelt sollten Sie sich für Holz aus regionaler Produktion entscheiden oder ein Holz wählen, das das FSC-Siegel (Forest Stewardship Council) trägt.

Pflanzen wie Grünkohl, Blattkohl, glatte Petersilie oder Lauch auf und decke alles mit einer Polycarbonat-Doppelplatte ab – fertig ist das Frühbeet. Folien eignen sich nur, wenn sie an einem Rahmen befestigt sind, anderenfalls können sie sich durch Regen- oder Schmelzwasser durchbiegen, sodass eisiges Wasser in die Strohballen läuft, auf die Pflanzen tropft oder bewirkt, dass die Platten an den Strohballen festfrieren. Das ist nicht gerade praktisch, wenn man ernten möchte.

DER DECKEL

Das Wesentliche eines Frühbeetes ist der Deckel. Er ist transparent, lässt also Licht hinein, hält die Wärme im Frühbeet und schützt die Pflanzen vor Außeneinflüssen. Ich habe verschiedene Materialien ausprobiert und mir auch bei anderen erfolgreichen Gärtnern die Frühbeete angesehen. Die folgenden Materialien kann ich empfehlen.

Polycarbonat. Mein bevorzugtes Material ist Polycarbonat. Die dünnen Platten lassen sich leicht auf das gewünschte Maß zuschneiden, sie sind langlebig und leicht, isolieren besser als Glas und sind Glas auch in Bezug auf die Bruchfestigkeit deutlich überlegen. Einmal stand sogar ein Stück Damwild auf meinem geschlossenen Frühbeet, und der Deckel hielt. Das nenne ich eindrucksvoll!

Ich verwende stabile Polycarbonatplatten, die 82 % Licht durchlassen und für den Gewächshausbau verwendet werden. Dünnwandigere Doppelstegplatten bekommt man in Baumärkten, sie sind aber nicht so stabil und isolieren nicht so gut.

Alte Fenster. Besonders einfach ist es, alte Fenster zu verwenden und den Kasten passend dafür zu bauen. Glas bricht aber leicht, und niemand möchte jahrelang Scherben in der Erde finden. Darum empfehle ich, das Glas zu entfernen und durch Kunststoff (Platte oder Folie) zu ersetzen. Alte Holzfensterrahmen könnten mit Farbe gestrichen sein, die Giftstoffe enthält. Wer befürchtet, dass diese Stoffe in den Boden gelangen könnten, sollte sie meiden und nach Kunststofffenstern Ausschau halten.

Gut geeignet ist auch die Tür einer alten Duschkabine. Solche Türen bestehen aus gehärtetem Glas, und man kann mit ihnen recht große Frühbeete bauen.

Diese Frühbeete aus Hemlock sind in den Boden eingesenkt, um das Wintergemüse gut zu isolieren. Wenn die Kästen auf der Erde stehen, kann man ringsherum Laub oder Tannenzweige aufhäufen.

FRÜHBEETDECKEL AUS EINEM ALTEN FENSTER

Um ein altes Fenster zum Frühbeetdeckel umzubauen, sollten Sie zuerst das Glas entfernen. Das Fenster auf eine Plane legen, eine Schutzbrille aufsetzen und das Glas mit einem Hammer herausschlagen. Anschließend sollten Sie den Rahmen schleifen, um alle Splitter zu entfernen. Schneiden Sie dann zwei Stücke stabile Gewächshausfolie zu, die groß genug sind, um das ganze Fenster zu bedecken. Eine Folie auf die Oberseite des Fensterrahmens tackern, die andere auf die Unterseite. Und schon ist der bruchfeste Frühbeetdeckel mit guter Isolierwirkung fertig.

Ein Frühbeet kann man in jeder gewünschten Größe bauen. Unseres ist etwa 90 cm × 1,80 m groß. Es bietet Platz für viele Pflanzen, aber man kann sie noch bequem von einer Seite aus pflegen und ernten. Wenn das Frühbeet viel größer ist, kann es mühsam sein, den schweren Deckel zum Lüften anzuheben.

Alles gut erreichbar

Unsere Frühbeete sind 90 cm × 1,80 m groß. Dieses Format finde ich optimal. Sie bieten reichlich Pflanzfläche, und trotzdem kann man sie von einer Seite aus bepflanzen, jäten, pflegen und später abernten – ohne sich zu verrenken oder zu strecken. Baut man größere Frühbeete, kann der Deckel sehr schwer werden, sodass er sich schlecht anheben und sicher aufstellen lässt. Ich habe schon gesehen, wie der hochgestellte Deckel eines größeren Frühbeetes bei Sturm mit solcher Wucht herunterfiel, dass das Holz splitterte. Die Polycarbonatplatte blieb heil, aber der Rahmen musste neu gebaut werden.

Der Frühbeet-Kasten muss hoch genug für die vorgesehenen Pflanzen sein. Im Winter dürfen die Blätter den Deckel nicht berühren, weil das Pflanzengewebe durch die Kälte Schaden nimmt. Unsere Frühbeete haben eine 45 cm hohe Rückwand und eine 30 cm hohe Vorderwand. Wir ziehen darin niedriges bis mittelgroßes Gemüse, beispielsweise Kopfsalat, kleine Mangoldsorten, Spinat, Rucola, Endivien, Möhren, Rote Bete, asiatisches Blattgemüse, Feldsalat, Winterportulak und Petersilie. Höhere Gemüsesorten haben im Folientunnel oder Foliengewächshaus einen geschützten Platz.

DIE IDEALE NEIGUNG

Traditionell wird für den Deckel eines Frühbeetes eine Neigung von 10–15 Prozent empfohlen, das entspricht etwa 17 cm pro Meter. Manche Gärtner bevorzugen aber eine stärkere Neigung. Bei unseren Frühbeeten ist die Rückwand etwa 15 cm höher als die Vorderwand. Das hat sich bewährt. Wir pflanzen mittelgroße Gemüsesorten wie Grünkohl, Portulak, Petersilie und Frühlingszwiebeln nach hinten und niedrige Sorten wie Feldsalat und Kopfsalat nach vorn.

In Gartencentern kann man Pflanzkästen mit einer abnehmbaren Haube aus Fliegengitter oder Plastikfolie kaufen. Auch sie sind nützlich, um die Erntesaison zu verlängern.

Abnehmbare Deckel für Hochbeete und Pflanzkästen

Praktisch sind auch abnehmbare Abdeckungen für Hochbeete, weil man sie jeweils dort einsetzen kann, wo gerade Schutz benötigt wird. So könnte man beispielsweise ein Beet im Frühling und Sommer mit Fliegengitter versehen, im Vorfrühling und Herbst mit einem schützenden Vlies und im Winter mit einem isolierenden Deckel aus Polycarbonat. Wenn Rehe oder Kaninchen Ihren Garten plündern, ist ein mit Kükendraht bespannter Rahmen ein wirkungsvoller Schutz. Solche abnehmbaren Deckel eignen sich am besten für kleinere Frühbeete, denn große Deckel können sehr schwer und unhandlich sein.

Viele Firmen, die Hochbeet-Bausätze für die Terrasse oder den Balkon anbieten, haben auch Zubehör wie Abdeckungen aus Fliegengitter, Frühbeetdeckel oder passende Folientunnel im Sortiment. Das jeweilige Zubehör ist für die Kästen maßgeschneidert. Wenn Sie also einen solchen Kasten kaufen, sollten Sie sich erkundigen, welche Extras der Hersteller anbietet, um die Gemüsepflanzen zu schützen oder die Saison zu verlängern.

FRÜHBEET UND VLIES

Decken Sie ein geöffnetes Frühbeet im Frühling und Herbst mit Vlies ab, um Insekten, Rehen und anderen Schädlingen den Zugang zu verwehren. Vlies beschattet die Samen von Möhren, Kohlrabi oder Grünkohl, die im Hochsommer für die Winterernte gesät werden, und beschleunigt dadurch deren Keimung. Nach der Keimung der Samen sollten Sie das Vlies abnehmen.

Nutzen rund ums Jahr

Ein Frühbeet macht sich zu allen Jahreszeiten nützlich. Mir macht es Freude, darin Gemüse und Kräuter für die Winterernte zu ziehen, aber man kann sie auch im Frühling, Sommer und Herbst gut gebrauchen.

Im Frühling kann man im Frühbeet Sämlinge abhärten, die später ins Beet umziehen. Im Früh- und Hochsommer könnte man darin wärmeliebendes Gemüse ziehen oder Gründünger säen. Im Hochsommer können Herbstgemüse und Wintermöhren im Frühbeet gesät werden, und einige Wochen später Rote Bete, Winterrettich und kälteverträgliche Blattsalate.

Bewässern und oft lüften

Damit die Pflanzen im Frühbeet optimal wachsen, müssen Sie regelmäßig gießen und lüften.

Bewässerung. Pflanzen brauchen gleichmäßige Feuchtigkeit, damit sie gesund wachsen. Das gilt für Pflanzen unter einem Schutzdach ebenso wie für Pflanzen im offenen Garten. Im Frühling, Sommer und Frühherbst können Sie die Deckel öffnen (im Sommer auch ganz abnehmen), um Regenschauer zu nutzen. Im Spätherbst, Winter und Vorfrühling (und immer, wenn der Deckel geschlossen ist), müssen Sie selbst gießen.

Im Frühling und Herbst sollten Pflanzen im Frühbeet morgens gegossen werden, damit die Blätter tagsüber abtrocknen, bevor die Deckel für die Nacht geschlossen werden. Nasse Blätter begünstigen die Ausbreitung von Pilzerkrankungen. Wird Starkregen angesagt, sollten Sie die Deckel schließen, um die Erde und die Pflanzen im Frühbeet zu schützen.

In meiner Heimat gieße ich im Winter nicht. Meist stelle ich die Bewässerung Anfang Dezember ein, bevor der Boden gefriert. Danach werden die Frühbeete nur zum Ernten geöffnet. Gärtner in wärmeren Regionen müssen eventuell auch im Winter gelegentlich zu Schlauch oder Gießkanne greifen.

Wie oft bewässert werden muss, hängt von der Jahreszeit, der Temperatur, den Gemüsearten und deren Wachstumsstadium ab. Im warmen, geschützten Frühbeet verdunstet Feuchtigkeit recht schnell, vor allem, wenn nicht gelüftet wird. Eventuell müssen die Pflanzen im Frühbeet

Vor allem bei steigenden Temperaturen im Frühling müssen die Pflanzen im Frühbeet regelmäßig bewässert werden.

Frühbeete häufig lüften, um Wärmestau zu vermeiden und die Luftzirkulation zu fördern.

häufiger gegossen werden als die Gartenbeete. Ausgewachsene Pflanzen brauchen mehr Wasser als Sämlinge und Jungpflanzen. Gießen Sie nicht erst, wenn die Pflanzen welk aussehen. Im Idealfall sollte der Boden immer feucht, aber nicht nass sein. Kontrollieren Sie die Feuchtigkeit im Frühling, Sommer und Herbst täglich, im Winter einmal wöchentlich.

Lüftung. Frühbeet-Anfänger müssen unbedingt lernen, wann sie lüften müssen. Im Zweifelsfall lieber einmal öfter! Wenn Pflanzen zu warm stehen, bilden sie weiche Triebe, die bei einem Abfall der Temperatur leicht Schaden nehmen. Werden sie dagegen etwas abgehärtet, wachsen sie zu robusten, gesunden Gemüsepflanzen heran.

Legen Sie ruhig ein Thermometer ins Frühbeet, um die Temperatur im Blick zu behalten. Sie könnten auch ein digitales Thermometer oder eine Wetterstation anschaffen, die Messwerte ans Handy sendet. So können Sie auch im gemütlichen Wohnzimmer das Frühbeet (oder das Gewächshaus, die Kuppel) zuverlässig überwachen.

Wer nicht so technikaffin ist, beobachtet das Wetter. Liegt die Außentemperatur über 4 °C, öffnen Sie die Deckel. Selbst ein kleiner Schlitz genügt, um einen Wärmestau zu vermeiden.

Wenn damit zu rechnen ist, dass die Tagestemperaturen über 10 °C steigen, öffne ich die Deckel ganz. Etwa eine Stunde vor Sonnenuntergang werden sie für die Nacht wieder geschlossen.

Zum Aufstellen der Deckel verwende ich Steine, Holzscheite oder Äste. Man kann auch eine Leiste mit Kerben versehen, um verschiedene Öffnungsgrade einzustellen. Wer etwas investieren möchte, kann im Fachhandel automatische und einstellbare Öffner mit Temperaturfühler kaufen.

Die Erde im Frühbeet

Ich behandle meine Frühbeete wie die anderen Gartenbeete und arbeite zwischen den Kulturen Kompost, abgelagerten Stallmist, zerkleinertes Laub oder kompostierte Algen ein, um den Boden zu verbessern. Weil unser Boden sauer ist, streue ich außerdem jährlich Dolomitkalk, denn für gesundes Pflanzenwachstum ist ein pH-Wert zwischen 6 und 7 ideal. Ab und zu nehme ich Bodenproben, um pH-Wert und Nährstoffgehalt im Blick zu behalten.

Gründünger. Schnell wachsender Gründünger ist ideal, um den Boden mit organischer Substanz anzureichern. Weil unsere Frühbeete meist von Mitte Juli bis Anfang Mai in Gebrauch sind, muss ich den Gründünger in die Pause klemmen. Wenn Anfang Mai das letzte Wintergemüse geerntet ist, säe ich schnell wachsenden Gründünger wie Buchweizen, den ich Mitte Juni untergrabe, bevor die Pflanzen blühen und Samen bilden. Dann können die Möhren für die Winterernte gesät werden.

Frühbeete pflegen

Schnee entfernen. Damit im Winter Licht an die Pflanzen gelangt, entferne ich Schnee so schnell wie möglich – bevor sich auf dem Deckel eine Eisschicht bildet. Einen Besen oder eine Plastikschaufel verwenden. Metallschaufeln zerkratzen das Polycarbonat.

Nur bei extremer Kälte, meist zwischen Mitte Januar und Mitte Februar, lasse ich eine Schneeschicht als Isolierung auf den Frühbeeten liegen.

Die letzten Wintersalate sind dafür dankbar. Ende Februar ist alles geerntet und das Gemüse für die Frühlingsernte wird gesät.

Deckel reinigen. Etwas Pflege ist wichtig, damit Frühbeete lange gute Dienste tun. Am wichtigsten ist die Reinigung des Deckels, denn Staub, Schmutz und Laub bewirken, dass weniger Licht an die Pflanzen gelangt.

Wenn die Deckel schmutzig aussehen, nehmen Sie einen weichen Lappen und einen Eimer mit Wasser und Spülmittel oder etwas Essig. Den Lappen anfeuchten und den Frühbeet-Deckel abwischen. Dabei sollte keine Reinigungsflüssigkeit auf die Pflanzen oder den Boden gelangen. Anschließend gründlich mit klarem Wasser nachspülen.

Sommerlager. Wenn keine Frostgefahr mehr besteht, nehme ich die Frühbeetdeckel ab und verstaue sie bis zum Herbst im Keller. Dort sind sie gut geschützt und halten länger.

Beim Abnehmen der Deckel führe ich eine schnelle Inspektion durch. Sitzen die Scharniere noch fest? Fehlt irgendwo eine Schraube? Ist das Holz in gutem Zustand? Reparaturen führe ich vor dem Einlagern durch, damit die Deckel im Herbst sofort einsatzbereit sind.

5 TIPPS
zur Verbesserung der Isolierung

- **Wärmefallen.** Leere, große Plastikflaschen können Wärme speichern: Die Flaschen schwarz anstreichen und an der Rückwand des Frühbeetes aufreihen.
- **Einpacken.** Wenn das Frühbeet frei im Garten steht, isolieren Sie seine Nordseite (oder im Winter den ganzen Kasten) mit Strohballen, Tannenzweigen oder Säcken voller Laub.
- **Eingraben.** Den Frühbeetkasten 10–15 cm in den Boden einsenken oder ringsherum Erde oder Mulch aufschütten, damit weniger kalte Luft eindringen kann.
- **Abdichten.** Schaumstoff-Klebestreifen zur Isolierung von Türen und Fenstern können auch Ritzen am Frühbeetdeckel abdichten. So kann weniger Wärme entweichen.
- **Abdecken.** In eisigen Nächten eine alte Decke, einen Teppich oder anderes isolierendes Material über das Frühbeet legen. Morgens abnehmen, damit Licht an die Pflanzen gelangt.

Durch schmutzige Scheiben fällt weniger Licht, darum sollten sie regelmäßig mit einem feuchten Lappen oder Schwamm gereinigt werden.

3

GRÖSSERE BAUTEN

Gewächshäuser, Biosphelter und geodätische Kuppeln

Ich glaube, alle Gärtner träumen von einem Gewächshaus, in dem sie bei jedem Wetter arbeiten können. Im Laufe der Jahre habe ich in Konstruktionen verschiedener Art und Größe Gemüse angepflanzt. Manche – etwa mein jetziges Foliengewächshaus – waren stabil und winterfest. Mein allererstes «Gewächshaus» dagegen war eine Art Zelt aus dünner Folie, das nicht lange hielt.

Obwohl ich meine Frühbeete und Tunnel gern mag, bin ich in mein Foliengewächshaus buchstäblich verliebt. Große Konstruktionen haben gegenüber kleinen einfach unbestreitbare Vorteile. Natürlich bieten sie mehr Platz, aber in größeren Bauten wachsen die Pflanzen auch höher und gesünder. Außerdem lässt sich darin die Erntesaison von Tomaten, Gurken, Melonen und anderen wärmeliebenden Pflanzen verlängern, und Gemüse für die kühle Jahreszeit kann man den ganzen Winter über ernten. Und nicht zuletzt ist das Gewächshaus ein angenehmer Ort zum Arbeiten, an den ich mich zu allen Jahreszeiten gern zurückziehe. Es hat sich mit der Zeit tatsächlich zu einem meiner Lieblingsplätze gemausert.

Vor dem Bau eines Gewächshauses gilt es, einen guten Platz zu finden. Er muss ebenen Boden haben, viel direktes Sonnenlicht bekommen und sollte vom Haus oder Garten aus gut erreichbar sein.

DER RICHTIGE STANDORT

Bei der Wahl des Platzes für ein Gewächshaus oder eine Kuppel sind vier Faktoren zu berücksichtigen: Licht, Erreichbarkeit, Drainage und Wind.

Jede Menge Licht

Weil alle Pflanzen Licht brauchen, um gesund zu wachsen, sollte der Platz für ein Gewächshaus in der Sonne liegen. Die meisten Gemüsepflanzen benötigen täglich 6–8 Stunden volle Sonne. Im Winter ist die Sonnenenergie außerdem wichtig, um den Innenraum zu erwärmen. Darum wird empfohlen, Gewächshäuser für die Winterernte in Ost-West-Richtung aufzubauen, der Dachfirst verläuft also von Osten nach Westen. So treffen im Winter die Strahlen der flach stehenden Sonne auf die Südseite, wodurch die Lichtausbeute am besten ist. Frühbeete, Gewächshäuser und andere Bauten sollten nicht im Schatten von hohen Bäumen, Hecken oder Gebäuden stehen.

In kleinen Gärten oder in der Stadt ist es nicht immer einfach, den idealen Standort zu finden. Wir haben unser Foliengewächshaus am einzig möglichen Platz errichtet, und es verläuft von Nordosten nach Südwesten. Vielleicht gibt es auch bei Ihnen nur einen möglichen Platz. Wenn Sie aber mehrere Optionen haben, nehmen Sie sich die Zeit, die günstigste auszusuchen.

Erreichbarkeit

Ich arbeite gern im Foliengewächshaus. Ich mag auch aus den Frühbeeten ernten und generell meine Pflanzen im Auge haben. Das heißt, dass meine überdachten Pflanzplätze – kleine Tunnel, schattierte Beete, Frühbeete und einzelne Glocken – leicht erreichbar sein müssen. Darum stehen Foliengewächshaus und kalte Frühbeete direkt am Gartenzaun, nur 30 Sekunden vom Haus entfernt. Das macht das Gießen, Lüften oder Schließen der Deckel leichter.

GESETZESLAGE UND NACHBARSCHAFT

Für kleine, vorübergehende Bauten wie Frühbeete und Folientunnel ist keine Baugenehmigung erforderlich, aber für größere, dauerhafte Bauten wie Gewächshäuser kann sie nötig sein. Informieren Sie sich über die örtlichen Vorschriften, bevor Sie mit dem Bau beginnen, und erkundigen Sie sich dabei auch nach eventuellen Größenbeschränkungen. Auskünfte erteilt das zuständige Bauamt. Sie könnten sich auch an eine Hausbesitzervereinigung wenden.

Falls Sie ein Gewächshaus in der Nähe der Grundstücksgrenze errichten wollen, sollten Sie die Nachbarn darüber informieren, selbst wenn keine Genehmigung erforderlich ist. Es nützt in jedem Fall der guten Nachbarschaft, wenn man vor dem Bau darüber spricht. Und falls die Nachbarn nicht so begeistert sind, lassen sie sich sicherlich umstimmen, wenn sie ab und zu einen Korb mit frischem Gemüse bekommen.

SCHLAUCHANSCHLUSS UND STECKDOSE

Wasser- und Stromanschlüsse in der Nähe des Gewächshauses sind absolut empfehlenswert. In einem kleinen Garten mag das Gießen mit der Kanne nicht viel Arbeit sein, wenn man aber bedenkt, dass Pflanzen unter einem festen Dach keinen Regen bekommen, wird deutlich, dass ein Schlauchanschluss für die Bewässerung das Leben leichter macht. Wenn Sie direkt im Gewächshaus einen Wasserhahn oder ein Bewässerungssystem installieren wollen, muss die Wasserleitung so tief im Boden verlegt werden, dass sie nicht einfriert.

Praktisch ist auch ein Stromanschluss. In meinem Gewächshaus gibt es keinen. Ich habe dort weder Pflanzenleuchten noch eine Heizung, und wenn ich nach Einbruch der Dunkelheit arbeite (vor allem im Spätherbst), muss ich zur Stirnlampe greifen.

Strom wird aber nicht nur für die Beleuchtung gebraucht, sondern auch für eine Heizung, ein Belüftungssystem, einen Ventilator für die Luftzirkulation oder eine Anlage, die bei Kälte eine isolierende Folienschicht aufbläst.

Ein Schlauchanschluss in der Nähe des Foliengewächshauses macht die Bewässerung leicht.

Wer im Garten oder Gewächshaus Hochbeete baut, sollte dazwischen reichlich Platz lassen, damit man sich beim Arbeiten gut bewegen kann – auch im Spätsommer, wenn die Beete überquellen.

GEMULCHTE WEGE UND ELLENBOGENFREIHEIT

Es ist angenehm, das Gewächshaus mit sauberen Füßen erreichen zu können. Ich habe Rindenmulch zwischen meinen Beeten und um das Gewächshaus und die Frühbeete verteilt. Er muss etwa alle drei Jahre erneuert werden. Grober Kies, Pflastersteine oder Platten sind langlebiger.

Denken Sie daran, dass größere Gartengebäude langfristig von allen Seiten zugänglich sein müssen, um Reparaturen vorzunehmen, die Seiten hochzurollen, Folie oder Platten zu ersetzen, das Äußere zu reinigen, Schnee zu schippen und andere Arbeiten auszuführen. Lassen Sie ringsherum 1–2 Meter Platz!

Gute Drainage

Gute Drainage ist für alle Gartengebäude notwendig, ob groß oder klein. Regen und Gießwasser müssen möglichst schnell abfließen können. Stehendes Wasser lässt nicht nur Pflanzen schnell absterben, sondern beschleunigt auch die Verrottung von Holzkonstruktionen und macht den Boden in größeren Gebäuden matschig. Wenn der Boden kein Gefälle hat, sollten Sie Drainagerohre verlegen, um Wasser abzuleiten.

Ich gärtnere seit Jahrzehnten auf Grundstücken mit leichtem Gefälle. Erst beim Bau unseren Foliengewächshauses habe ich die Bedeutung einer guten Drainage verstanden. Ich stand bei einem Regenguss drinnen und beobachtete, wie massenhaft Wasser von der Plastikfolie auf den umliegenden Boden floss. Ich war dankbar, dass es wegen des leichten Gefälles direkt abfließen konnte. Anderenfalls wäre ich rings um das Foliengewächshaus im Schlamm versunken.

Windige Standorte meiden

Eine leichte Brise ist vom späten Frühjahr bis zur Herbstmitte wunderbar, um das Gewächshaus zu lüften. Wenn aber ein Sturm aufzieht, bange ich immer um mein Foliengewächshaus. Starker Wind kann die Folie zerfetzen und sogar die Metallbögen verbiegen. Ein robustes, sorgfältig gebautes Gebäude ist weniger gefährdet, aber auch ein geschützter Standort verbessert seine Überlebenschancen. Finden Sie die Hauptwindrichtung auf Ihrem Grundstück heraus, und errichten Sie das Foliengewächshaus im

Windschatten einer Hecke oder Baumreihe (aber nicht zu nahe, sonst können abgebrochene Äste die Folie beschädigen). Ungünstig ist die Kuppe eines Hügels, die den stärksten Böen ausgesetzt ist. Am Fuß eines Abhangs sollte das Gewächshaus auch nicht stehen, denn hier können sich Frostfallen bilden, oder es kann durch abfließendes Regenwasser zur Überflutung kommen.

In offenen Lagen könnten Sie eine Windschutzhecke pflanzen, aber in ausreichendem Abstand, damit sie das Gewächshaus nicht beschattet. Ideal ist ein Standort mit leichtem Gefälle.

> Bauen Sie das Gewächshaus nicht in einer Senke oder am Fuß eines Hügels. Hier können sich Frostfallen bilden oder es kann zu Überschwemmungen kommen.

DAS GELÄNDE VORBEREITEN

Damit der Bau gut von der Hand geht, muss das Gelände vorbereitet werden. Das ist auch wichtig, um später Probleme mit der Drainage oder mit ausdauernden Unkräutern zu vermeiden. Die Vorbereitungsarbeiten hängen von der Art des Bauvorhabens ab. Kleine, vorübergehend aufgestellte Tunnel mit Vlies, Folie oder Schattiergewebe erfordern kaum Vorarbeit. Für langlebige Gebäude wie Gewächshäuser oder Kuppeln sind dagegen vor dem Bau gründliche Vorbereitungen nötig.

Einebnen. Ein leichtes Gefälle ist von Vorteil, damit Wasser abfließen kann. Die Grundfläche des Gebäudes solle aber möglichst eben sein, sonst wird der Bau schwieriger. Bei stärkerem Gefälle muss der Boden vor dem Bau eines Gewächshauses eventuell terrassiert werden. Zuerst werden vorhandene Pflanzen entfernt, dann wird der Boden von Hand, mit einer Motorhacke oder einem Traktor umgebrochen. Wir haben einen Mini-Traktor gemietet, und ein Freund hat eine Laser-Wasserwaage mitgebracht, sodass wir prüfen konnten, ob der Boden exakt gerade ist.

Säubern. Wir haben unser Foliengewächshaus an einer Stelle gebaut, an der vor Jahren Gemüsebeete lagen. Jetzt wucherte dort das Unkraut. Ich habe Wurzelunkräuter sorgfältig mit der Grabgabel entfernt und dabei auch eine verblüffende Menge alter Baumwurzeln und Steine ausgegraben. Das war viel Arbeit, hat sich aber gelohnt. Wenn ich es nicht so eilig gehabt hätte, das Gewächshaus zu bepflanzen, hätte ich den Boden noch solarisieren können. Das ist eine chemiefreie Methode, um mithilfe von Sonnenwärme Unkrautsamen im Boden zu deaktivieren und gleichzeitig Schädlinge (z. B. Nematoden) und Krankheitserreger (z. B. Verticillium-Welke) zu beseitigen.

Diese Arbeit nimmt man am besten vor, wenn der Boden gesäubert und eingeebnet ist. Sie kann etwa zwei Monate in Anspruch nehmen. Im nördlichen Klima meiner Heimat ist der Frühsommer der beste Zeitpunkt dafür, weil die Sonne dann besonders intensiv scheint. Der Boden wird gründlich gewässert und danach mit einer transparenten Folie abgedeckt. Die Ränder werden mit Steinen, Sandsäcken, Ästen oder anderen Gewichten beschwert. Unter der Folie heizt sich der Boden auf, im Idealfall auf bis zu 60 °C. Nach etwa zwei Monaten wird die Folie abgenommen und der Bau kann beginnen. Übrigens kann man den Boden auch nach dem Bau noch solarisieren, indem man die Folie im Gewächshaus auslegt.

Umgebung begutachten. Zur Vorbereitung gehört auch, Bäume, Sträucher, Hecken und Gebäude in der Umgebung auf Gesundheit und Stabilität zu prüfen. Es wäre ärgerlich, wenn beim nächsten Sturm ein Ast oder ein Stück Wandverkleidung auf das neue Gewächshaus fliegt. Bäume, die morsch sind oder zu viel Licht wegnehmen, sollten vor dem Bau gefällt werden.

Wasser und Strom. Überlegen Sie auch, ob Strom- und Wasserleitungen zum Gewächshaus verlegt werden sollen. Das ist nicht billig, lässt sich aber im Zuge der Bauphase wesentlich besser erledigen als später. Wasser ist unerlässlich, weil die Pflanzen unter Glas oder Folie keinen Regen bekommen. Unser Gewächshaus liegt so nahe am Wohnhaus, dass ich einen Schlauch am Außenwasserhahn anschließen kann. Wenn das Gewächshaus weiter entfernt liegt, könnten Sie Regenwasser auffangen oder eine Wasserleitung verlegen lassen. Strom war in unserem Gewächshaus nicht notwendig (allenfalls für mein Teewasser). Und falls wir später einen Ventilator zur Verbesserung der Luftzirkulation anbringen wollen, können wir ein Gerät mit Solarbetrieb anschaffen.

FOLIENGEWÄCHSHÄUSER UND KONVENTIONELLE GEWÄCHSHÄUSER

Stellen Sie sich vor, es ist Februar, draußen liegt Schnee und Sie spazieren durch den Garten in Ihr Gewächshaus. Drinnen ist es deutlich wärmer als draußen. Sie können die Jacke ausziehen und in Ruhe die Pflanzen versorgen. Da wachsen verschiedene Salate, Wurzelgemüse wie Möhren und Rote Bete, und in einer Ecke stehen einige würzige Petersilienpflanzen.

Das klingt gut, oder? Immer mehr Gärtnern gefällt diese Vorstellung, und in den Privatgärten, Schrebergartenkolonien und Gemeinschaftsgärten entstehen immer mehr Gewächshäuser.

Vor einigen Jahren haben auch wir eines angeschafft. Ich muss zugeben, dass ich schon lange mit einem Foliengewächshaus geliebäugelt hatte, aber auf unserem Grundstück gab es dafür keinen ebenen, sonnigen Platz. Als wir aber den Gemüsegarten umgestaltet und erweitert haben, bot sich die Möglichkeit, direkt daneben eine Fläche einzuebnen. Diese Chance haben wir ergriffen.

Im Gewächshaus habe ich kleine Tunnel mit Vlies aufgestellt. Der doppelte Schutz bekommt Wintersalaten, Frühlingszwiebeln, Petersilie und Wurzelgemüse gut.

Was ist ein Foliengewächshaus?

Ein Foliengewächshaus ist im Grunde ein großer Folientunnel. Es besteht aus Stahlrohren und einer Abdeckung aus stabiler Folie. Es verlängert die Saison, indem es Sonnenenergie einfängt. Der Innenraum erwärmt sich, und um die Pflanzen entsteht ein vorteilhaftes Mikroklima. Normalerweise sind Foliengewächshäuser nicht beheizt, aber die große Luftmasse im Inneren bleibt länger warm als die Luft in einem Frühbeet oder einem kleinen Tunnel.

7 Gründe für ein Foliengewächshaus

- **LÄNGERE SAISON.** Im Frühling eher pflanzen, im Herbst und Winter ernten.
- **GUTES MIKROKLIMA.** Ideal, um in Gegenden mit kurzen Sommern wärmeliebendes Gemüse wie Tomaten, Melonen, Gurken, Auberginen oder Paprika zu ziehen.
- **WETTERSCHUTZ.** Das Foliengewächshaus speichert Wärme und schützt vor Hagel, Sturm und Starkregen.
- **PFLANZEN VERMEHREN.** Praktisch zum Vorziehen von Sämlingen, die später in den Garten gepflanzt werden.
- **SCHUTZ VOR SCHÄDLINGEN.** Rehe, Kaninchen und andere größere Tiere bleiben draußen, und wenn Fliegengitter angebracht werden, sind auch Insekten wie Gurkenkäfer oder Kohlweißlinge kein Problem mehr.
- **SCHUTZ VOR KRANKHEITEN.** Auf nassen Blättern breiten sich Krankheiten schnell aus. Unter Dach treten insgesamt weniger Krankheiten auf.
- **ANGENEHM GÄRTNERN.** Bei der Arbeit im Gewächshaus ist man vor Regen und Wind geschützt, und die Temperatur ist meist angenehm. Wir haben sogar eine Sitzecke eingerichtet, weil wir uns gern in unserem Foliengewächshaus aufhalten.

Bessere QUALITÄT

Mein Foliengewächshaus verlängert nicht nur die Erntezeit für wärmeliebendes Gemüse, die Qualität ist auch besser. Ab Spätsommer nehmen beispielsweise die Erträge der Kirschtomaten im Garten ab, und auch die Qualität lässt nach, weil sie durch den häufigeren Regen oft platzen. Die Herbsttomaten sind kleiner und haben eine dickere Schale.
Im Foliengewächshaus dagegen können wir noch 6–8 Wochen länger große, makellose Tomaten mit dünner Schale pflücken.

Viele Gärtner träumen von einem Gewächshaus aus Glas. Solche Modelle sind teuer und brauchen Platz, können aber mehrere Jahrzehnte halten.

Foliengewächshaus oder konventionelles Gewächshaus?

Alle Gewächshäuser bieten Pflanzen eine geschützte Umgebung, aber Foliengewächshäuser haben einige Vorteile. Der wichtigste ist der Preis. Foliengewächshäuser lassen sich schnell und einfach aufbauen, und auch die spätere Unterhaltung ist unkompliziert. Sie sind in vielen Formen und Größen im Handel erhältlich, und man kann sie auch relativ leicht selbst bauen. Darum lässt sich für fast jeden Garten ein passendes Foliengewächshaus finden.

Für mich haben die Kosten und die Vielseitigkeit den Ausschlag gegeben. Mein Foliengewächshaus von 4 × 7 m Größe hat ungefähr so viel gekostet wie ein Polycarbonat-Gewächshaus von 2,50 × 3 m, aber ich habe etwa die vierfache Anbaufläche und ein höheres Dach mit stabilen Stützen, an denen Schnüre für höher wachsendes Gemüse befestigt werden können.

Der Nachteil ist, dass ein Foliengewächshaus nicht so attraktiv aussieht. Da aber Gemüse aus eigenem Anbau hoch im Kurs steht, stellen immer mehr Gärtner diesen ästhetischen Aspekt in den Hintergrund. In jedem Fall sollten Sie sich über die örtlichen Bauvorschriften erkundigen, bevor Sie ein Gewächshaus anschaffen.

Grundtypen

Unser Foliengewächshaus sollte Stehhöhe haben, und ich wollte die Anbausaison verlängern, um wärmeliebende Arten wie Tomaten, Paprika und Melonen zu pflanzen. Wichtig waren mir stabile Querstreben, um hochwachsendes Gemüse daran festzubinden, und die Konstruktion musste robust genug für unser windiges Küstenklima sein. Außerdem sollte es gut aussehen, in unseren Garten und die Umgebung passen.

Wir haben viele Stunden damit zugebracht, Modelle zu vergleichen, die unseren Ansprüchen genügten. Wir hatten nicht genug Zeit, um es von Grund auf selbst zu bauen. Darum wollten wir einen Bausatz mit stabiler Stahlkonstruktion kaufen, bei dem alle notwendigen Teile mitgeliefert wurden.

GEWÄCHSHÄUSER IM VERGLEICH

FOLIENGEWÄCHSHAUS	KONVENTIONELLES GEWÄCHSHAUS
Niedriger Preis pro m²	Höherer Preis pro m²
Speichert Wärme besser	Kühlt schneller aus
Abdeckung aus Folie	Starre Abdeckung (Polycarbonat/Glas)
Runde Seiten verringern die Pflanzfläche	Gerade Wände, auch geeignet für Regale
Große Modelle sind schwierig zu lüften	Einfacher zu lüften, Lüftungssysteme erhältlich
Optisch weniger ansprechend	Dekorativ und nützlich
Schnell und einfach aufzubauen	Muss evtl. vom Fachmann aufgebaut werden

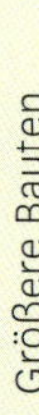

RUNDBOGEN

SPITZBOGEN

Rundbogen oder Spitzbogen. Es gibt Foliengewächshäuser mit Rundbogen- und mit Spitzbogenkonstruktion. Ein Rundbogen-Gewächshaus hat halbkreisförmige Stützen aus Stahlrohr, manchmal auch aus PVC. Durch die Rundung der Wände hat das Gewächshaus nur in der Mitte Stehhöhe. An den Seiten können höhere Pflanzen an die Folie stoßen. Außerdem rutscht Schnee nicht so leicht herunter.

Die Stützen von Spitzbogen-Gewächshäusern bestehen aus zwei Metall- oder PVC-Rohren, die in der Mitte eine Spitze bilden. Dadurch sind die Wände steiler, man hat also mehr Stehhöhe und mehr Platz für die Pflanzen. Schnee rutscht von einem Spitzbogen-Gewächshaus besser ab.

Bausätze. Wie so oft stehen auch bei Foliengewächshäusern Preis und Qualität in direktem Verhältnis, und es gibt enorme Unterschiede. Überlegen Sie vor dem Kauf genau, wie und wofür Sie das Gewächshaus nutzen möchten.

In den meisten Bausätzen ist alles Zubehör enthalten. Unser Gewächshaus ist 4 × 7 m groß und mit stabiler, langlebiger Folie gedeckt, die auch im kommerziellen Bereich eingesetzt wird. Das Aufstellen hat lange gedauert. Es war nicht schwierig, aber es gab viele Teile, und die Arbeitsschritte mussten in der richtigen Reihenfolge ausgeführt werden.

Zum Glück hatten wir erfahrene Helfer, sodass die Unterkonstruktion nach einem Tag stand. Danach haben wir die Giebelseiten geschlossen. Ein halber Tag war nötig, um die Folie mit den aufrollbaren Seiten anzubringen.

Pop-up-Gewächshäuser. Manche Online-Händler bieten «Pop-up-Gewächshäuser» an, die wie durchsichtige Zelte aussehen. Als Teenager hatte ich so ein Mini-Gewächshaus, um Sämlinge zu ziehen und Tomaten zu pflanzen. Für meine damaligen Ansprüche war es gut genug.

Diese Modelle sind nicht sehr robust, aber preiswert. Meist werden sie einfach auf den Boden gestellt, Material zur Verankerung im Boden ist also im Set nicht enthalten. Ich empfehle aber, sie mit Stangen oder Zeltheringen zu befestigen, damit sie bei Wind nicht wegfliegen. Solche Gewächshäuser können von Frühling bis Herbst benutzt werden. Für den Winter eignen sie sich aber nicht, weil sie keine Schneelast verkraften.

Ein Kollege hat den Boden seines Foliengewächshauses aus alten Paletten gebaut.

Selbst bauen. Die Konstruktion eines Foliengewächshauses kann man aus verschiedenen Materialien bauen, aber die meisten Gärtner verwenden PVC- oder Metallrohre. PVC-Rohre können zusammengesteckt und an Metallpfosten befestigt oder mit Winkeln am Holzboden festgeschraubt werden. PVC ist nicht so stabil wie Metall und eignet sich besser für Gegenden, in denen es selten schneit, oder für Tunnel, die nur vom Frühjahr bis in den Herbst benutzt werden (Abdeckung im Spätherbst abnehmen und im Frühjahr wieder anbringen).

Wer in einem schneereichen Gebiet wohnt oder das Gewächshaus den ganzen Winter über nutzen möchte, sollte eine Unterkonstruktion aus Metallrohren wählen, die man mit einer speziellen Vorrichtung biegen kann. Empfehlenswert ist eine Spitzbogenform, weil von ihr Schnee leichter herunterrutscht.

Gärtner sind kreativ, und ich habe schon Gewächshäuser aus den verschiedensten Materialien gesehen, sogar aus dem Gestell eines alten Trampolins. Tipps und Videos finden Sie im Internet.

Die Abdeckung

Für die Abdeckung stehen verschiedene Materialien zur Auswahl. Hobbygärtner verwenden meist Polyethylen oder Polycarbonat. Für den kommerziellen Gartenbau gibt es auch Acrylplatten oder spezielle Isolierfolien, die schon aus Kostengründen für Privatleute kaum interessant sind. Da jedes Produkt seine Vor- und Nachteile hat, sollten Sie sich vor dem Kauf gut informieren. Vielleicht gibt es in der Nähe ein Fachgeschäft, in dem Sie Materialien anschauen und Fragen stellen können. Wichtig sind die Art der Unterkonstruktion, die gewünschte Lebensdauer, aber auch Preis, Lichtdurchlässigkeit, Isolierwirkung, Reißfestigkeit, Verarbeitungseigenschaften und Aussehen.

POLYETHYLEN

Für kleinere, ungeheizte Foliengewächshäuser und Kuppeln, vor allem selbst gebaute, wird meist Polyethylen verwendet. Es kostet weniger als Glas oder Polycarbonat, ist leicht anzubringen, wird aber durch Einwirkung von Licht und Wärme relativ schnell spröde. Spezielle Polyethylenfolie für den Gewächshausbau ist etwa doppelt so teuer, ist aber UV-beständig und hält darum etwa sechsmal so lange. Unser Foliengewächshaus hat eine Abdeckung aus Polyethylen in Gewächshausqualität mit einer Lichtdurchlässigkeit von etwa 90 %. Bei guter Pflege sollte sie mindestens 6 Jahre halten, sofern sie nicht durch extreme Wetterereignisse Schaden nimmt. Wenn Ihre Folie nur eine Saison oder zwei halten muss, genügt ein preiswerteres Produkt aus dem Baumarkt.

Für den gewerblichen Anbau gibt es weitere Produkte mit speziellen Merkmalen (Kondensationsschutz, Lichtregulierung), die aber für den privaten Garten wegen der hohen Preise kaum von Interesse sind.

Flexible Polyethylenfolien sind zwar nicht so strapazierfähig und langlebig wie Polycarbonat, dafür kann man Löcher oder Risse leicht mit einem speziellen Klebeband reparieren. Ich habe immer eine Rolle griffbereit.

Wer sein Gewächshaus im Winter heizen will, könnte eine doppelwandige Folie mit einem aufblasbaren Zwischenraum verwenden. Die Luftschicht zwischen den beiden Folien verbessert die Isolierung und verringert den Wärmeverlust. Außerdem ist so eine doppelwandige Abdeckung langlebiger. Zum Aufblasen sollte die Luftpumpe so gestellt werden, dass sie Außenluft ansaugt. Die Luft im Gewächshaus ist feuchter als draußen und kann bewirken, dass sich zwischen den Folienschichten Kondenswasser bildet.

POLYCARBONAT

Polycarbonat ist teurer als Polyethylenfolie, aber auch stabiler und langlebiger. Viele Gärtner finden auch sein Aussehen ansprechender. Das Material ist ausgesprochen leicht und wesentlich bruchfester als normales Glas. Platten für den Gewächshausbau sind UV-beständig, halten länger und vergilben nicht so schnell. Für viele Produkte liegt die Garantiezeit bei 10 Jahren.

Polycarbonat ist das gängigste Material für Gewächshaus-Bausätze, man kann es aber auch für selbst gebaute Gewächshäuser verwenden. Im Baumarkt oder Baustoffhandel bekommt man Platten in verschiedenen Qualitäten, die man leicht mit speziellen Profilen an einer Holzkonstruktion befestigen kann.

Doppelstegplatten. Diese doppelwandigen Polycarbonatplatten besitzen eine bessere Isolierwirkung als einfache Platten, weil sich in ihrem Inneren eine Luftschicht befindet. Solche Platten sind in verschiedenen Stärken erhältlich. Manche sind starr, andere sind flexibel und können auch an bogenförmigen Unterkonstruktionen montiert werden. Noch besser ist die Isolierwirkung von Dreifachstegplatten.

Ein Nachteil von Polycarbonat ist, dass es weniger Licht durchlässt als Glas oder Polyethylen. Die Lichtdurchlässigkeit der Doppelstegplatten, aus denen wir die Giebelwände unseres Gewächshauses gebaut haben, liegt bei 82 %.

Die Giebelseite meines Foliengewächshauses besteht aus Polycarbonat-Doppelstegplatten (unten). Das Material ist stabil und wertet das Gewächshaus in unserem Garten, der in einem Wohngebiet liegt, optisch auf.

POLYCARBONAT SCHNEIDEN

- Sicherheit geht vor. Alle Sicherheitsempfehlungen beachten, Schutzkleidung und Schutzbrille tragen.
- Zum Anzeichnen einen fetthaltigen Stift verwenden.
- Die Platten mit Zwingen an mehreren Böcken, einer Werkbank oder einem standfesten Tisch befestigen.
- Alle Maße doppelt kontrollieren!
- Mit einer langsam laufenden Kreissäge oder Stichsäge vorsichtig sägen, dabei das Sägeblatt nicht vorwärts schieben. Gerade Schnitte gelingen am besten mit einer Kreissäge, für Kurvenschnitte, z. B. an den Giebelseiten, ist eine Stichsäge besser geeignet.

Gewächshäuser aus Glas kann man als Bausatz kaufen, aber auch aus alten Fenstern selbst bauen. Gehärtetes Glas ist empfehlenswert.

GLAS

Wie viele Gärtner habe auch ich von einem Gewächshaus aus Glas geträumt – einem altmodischen Modell mit Spitzdach und Verzierungen, in dem ich gemütlich gärtnern kann. Glas ist das traditionelle Material für Gewächshäuser, Glocken und Frühbeetdeckel. Es sieht schön aus, ist langlebig und lässt bis zu 95 % Licht durch, also mehr als Kunststoffe.

Zugegeben, Glas ist zerbrechlich. In Gegenden, in denen Hagel, starker Schneefall und andere Wetterextreme (oder Vandalismus) selten vorkommen, kann es aber Jahrzehnte halten.

Glas ist aber auch das teuerste Material für Gewächshäuser. Der Preis eines Glas-Gewächshauses hängt von verschiedenen Faktoren ab, etwa Stil und Material der Konstruktion, Größe der Scheiben und Scheibentyp (einfach oder doppelt verglast). Einscheibenglas hat mit bis zu 95 % die beste Lichtdurchlässigkeit, doppelt verglaste Scheiben sind mit etwa 90 % aber nicht viel schlechter. Zudem besitzen sie eine bessere Isolierwirkung, verringern also den Wärmeverlust.

6 Kriterien zur Auswahl der ABDECKUNG

PREIS VS. LANGLEBIGKEIT. Polyethylen in Gewächshausqualität kostet nur ein Zehntel so viel wie Polycarbonat, hält aber nicht so lange. UV-stabile Polyethylen-Gewächshausfolie hält 5–6 Jahre. Auf Polycarbonat wird oft eine Garantie von 10 Jahren gegeben, und es hält meist 12–15 Jahre, sofern keine Wetterextreme auftreten.

LICHTDURCHLÄSSIGKEIT. Jeder Gärtner weiß, dass Gemüse viel Licht braucht. Darum sollte die Lichtdurchlässigkeit des Materials berücksichtigt werden (siehe Tabelle unten).

WÄRMEDÄMMUNG. Glas sieht schön aus, aber seine Isolierwirkung ist schlechter als die von Polycarbonat-Doppel- oder Dreifachstegplatten. Beide Materialien haben ihren Preis. Es gibt auch Gewächshäuser mit «Scheiben» aus doppelwandigem Polyethylen, deren Zwischenraum mit Luft aufgeblasen werden kann. Diese Technik isoliert gut, hat aber ihren Preis und erfordert einen Stromanschluss. Die Isolierung lässt sich auch verbessern, indem man über den Pflanzen im Gewächshaus einen flachen Tunnel mit Vlies oder Folie aufbaut.

STABILITÄT. Ich wohne in einer Gegend, in der es im Winter oft heftige Stürme und starken Schneefall gibt. Darum brauche ich ein sehr stabiles Abdeckmaterial. Für unser Foliengewächshaus haben wir keine preiswerte Folie aus dem Baumarkt verwendet, sondern eine UV-stabile Polyethylenfolie, die speziell für den Gewächshausbau gedacht ist. Die Giebelwand haben wir aus Polycarbonat-Doppelstegplatten gebaut, die stabil genug für unsere böigen Küstenwinde sind.

VERARBEITUNG. Die Verarbeitung mancher Materialien erfordert mehr Zeit oder besondere Kenntnisse. Für die vordere Giebelwand unseres Gewächshauses mussten die Polycarbonatplatten exakt auf Maß zugeschnitten und dann mit Aluminiumprofilen an der Holz-Unterkonstruktion befestigt werden. Die hintere Giebelwand ist mit Polyethylenfolie bespannt, die einfacher zu verarbeiten war.

AUSSEHEN. Mein Gemüsegarten liegt versteckt, aber das Gewächshaus ist von der Straße aus zu sehen, darum war es mir wichtig, dass es ansprechend aussieht und auch gut in die Nachbarschaft passt. Aus diesem Grund haben wir etwas tiefer in die Tasche gegriffen und die vordere Giebelwand aus Polycarbonat gebaut.

LICHTDURCHLÄSSIGKEIT DER MATERIALIEN

Material	Lichtdurchlässigkeit
Glas	90–95%
Polyethylene; UV-stabil	90%
Polyethylen; zweischichtig, UV-stabil	80%
Polycarbonat; einschichtig	90%
Polycarbonat; zweischichtig	80%

Wie groß?

Wenn Sie sich für ein Foliengewächshaus entschieden haben, müssen Sie die Größe wählen. Grundsätzlich empfiehlt es sich, ein etwas größeres Modell zu kaufen, als man zu brauchen glaubt. Warum? Seien wir ehrlich: Gärtner können jedes Fleckchen Erde mit Pflanzen füllen, und Sie werden staunen, wie schnell das Gewächshaus voll wird. Vielleicht hätten Sie auch gern einen Platz zum Säen, Umtopfen oder einfach zum Sitzen.

Wie viel möchten Sie ernten? Ich ziehe im Gewächshaus verschiedenes Gemüse und Kräuter, aber von jeder Sorte nur wenige Pflanzen, damit meine Familie sie auch verbrauchen kann. Eine Ernteschwemme ist schwierig zu verwerten. Lieber kleinere Mengen pflanzen als Gemüse wegwerfen.

Welches Gemüse? Manche Gemüsearten stehen monatelang an ihrem Platz, andere sind schon wenige Wochen nach der Aussaat erntereif.

Wie viel Platz haben Sie? Das Gewächshaus muss an einem sinnvollen Platz stehen und in den Garten passen. Außerdem muss rundherum genug Platz für Reparatur- und Pflegearbeiten frei bleiben.

Wie viel Zeit haben Sie? Im Gemüsegarten empfehle ich, klein anzufangen. Man kann später immer noch zusätzliche Beete anlegen. Für ein Gewächshaus gilt das Gegenteil: Es darf gern etwas größer sein, weil man es nicht nachträglich vergrößern kann. Und wenn Sie nicht die ganze Fläche pflegen, säen Sie einen Gründünger, der Unkraut unterdrückt und den Boden pflegt.

Was möchten Sie ausgeben? Größer ist oft günstiger. Ein Foliengewächshaus von 3 × 3,5 m bietet etwa 50 % mehr Pflanzfläche als eines von 2,5 × 3 m, kostet aber nicht 50 % mehr.

Wie ist die Gesetzeslage? Erkundigen Sie sich vor dem Kauf, ob Sie für ein Gewächshaus in der gewünschten Größe eine Genehmigung benötigen.

EIN FOLIENGEWÄCHSHAUS AUFBAUEN

Jeder Bausatz ist einzigartig, darum muss immer die Aufbauanleitung beachtet werden. Dennoch gibt es einige Gemeinsamkeiten, die auch für Eigenbauprojekte gelten.

Gelände vorbereiten. Das Gelände einige Tage vor dem Bau vorbereiten: Unkraut, Steine und Wurzeln entfernen, dann den Boden einebnen. Löcher für Pfostenfundamente graben oder einen Holzrahmen zum Anbringen von Winkeln bauen.

Wenn der Tunnel rechtwinklig sein soll, nehmen Sie sich etwas Zeit. Mit der 30-40-50-Regel gelingen akkurate rechte Winkel (siehe Seite 64). Wir haben für den Rahmen Hemlock-Balken verwendet und mit 90 cm langen Eisenstangen im Winkel von 30° sicher im Boden befestigt. Dafür wurden vorher Löcher in die Balken gebohrt.

Lieferung prüfen. Wenn der Bausatz ankommt, öffnen Sie alle Kisten und Beutel, um die Vollständigkeit zu prüfen. Am besten auf der Inhaltsliste abhaken! Achten Sie darauf, dass auch alle Schrauben und Beschläge mitgeliefert wurden, und kontrollieren Sie, ob alles intakt ist. Falls etwas fehlt, wenden Sie sich sofort an den Hersteller, damit er Ersatz schickt. Lesen Sie sich auch die Aufbauanleitung schon einmal durch, um sich mit den Arbeitsabläufen vertraut zu machen.

Wer einen Gewächshaus-Bausatz kauft, sollte zuerst sorgfältig kontrollieren, ob alle Teile mitgeliefert wurden. Es ist ärgerlich, wenn man bereits mit dem Aufbau begonnen hat und dann die Arbeit unterbrechen muss, um auf eine Nachlieferung zu warten.

Die Unterkonstruktion. Dazu laden Sie am besten zwei bis vier geschickte Helfer ein. Der Aufbau des Rohrgestells ist nicht schwierig, aber die vielen Arbeitsschritte gehen mit mehreren Personen schneller von der Hand. Auch das Anheben und Aufstellen der Bögen ist mit Helfern einfacher. Legen Sie alle Werkzeuge bereit, laden Sie die Akkus rechtzeitig, und achten Sie darauf, dass alle feste Schuhe mit geschlossener Kappe tragen.

Zuerst werden die Bögen zusammengesetzt und mit Winkeln am Holzrahmen festgeschraubt (A). Anschließend werden die Firstrohre (B), Querstreben, Seitenpfosten (C), Eckstabilisatoren und Windstreben an der Konstruktion befestigt. Wie die Teile und Beschläge genau montiert werden, hängt von der Art und dem Hersteller Ihres Gewächshauses ab. Halten Sie sich dabei genau an die Aufbauanleitung des Herstellers.

Die Giebel. Als unser Rohrgestell stand (D), haben wir die Giebelseiten gebaut. Dafür haben wir Rahmen aus Kanthölzern angebracht. Der vordere Giebel sollte aus ästhetischen Gründen mit Polycarbonat-Doppelstegplatten verkleidet werden. Dafür mussten auf den Holzrahmen passende Aluminiumprofile montiert werden.

Unser vorderer Giebel hat eine 90 cm breite Tür (breit genug für eine Schubkarre), der hintere hat zwei Fenster. Nach der Montage der Rahmen wurden im vorderen Giebel die Doppelstegplatten angebracht (E). Der hintere Giebel wurde mit Gewächshausfolie bespannt, die mit Klammern und Federdraht befestigt wurde.

RECHTWINKLIGE ECKEN

Die 30-40-50-Regel basiert auf dem Satz des Pythagoras und eignet sich sehr gut, um rechtwinklige Ecken zu bauen, etwa für den Balkenrahmen des Gewächshauses. Dafür auf einem Balken einen Strich in 30 cm Abstand zur Ecke anbringen, am angrenzenden Balken eine Markierung in 40 cm Abstand zur Ecke. Verbindet man die Markierungen mit einem Maßband, muss die Diagonale 50 cm lang sein, dann beträgt der Winkel 90°. Die Maße können auch verdoppelt oder verdreifacht werden.

Die Folie. Zuerst auf den Bögen ein Schaumstoffklebeband anbringen. Es verhindert, dass die Folie die Bögen berührt und durch Reibung oder Hitze Schaden nimmt.

Bringen Sie die Folie an einem warmen, möglichst windstillen Tag an. Durch Wärme wird die Folie geschmeidig und lässt sich sauberer verarbeiten. Bei Wind ist das Verlegen großer Folien nicht nur schwierig, sondern kann auch gefährlich werden.

Die Folienränder können eingegraben werden, man kann sie auch mit Federdraht (F) und Schlosskanälen befestigen. Wir haben die zweite Lösung gewählt, weil sich die Folie so gut straffen lässt. Wenn der Federdraht in den Schlosskanal eingelegt wird, sollten mehrere Helfer die Folie straff halten. Tragen Sie eine Schutzbrille, denn der Federdraht neigt dazu, beim Einlegen aus dem Kanal zu springen.

Auch die aufrollbaren Seiten haben wir in diesem Arbeitsgang angebracht. Dafür wurde die Folie glatt über die Rohrkonstruktion gelegt, an jeder Seite stand sie unten etwa 30 cm über. Auf diesen Überstand wurden Stahlrohre (G) gelegt. Um sie haben wir die Folie einige Male fest gewickelt und mit Klammern (H) befestigt. Am Ende jedes Rohres wurde ein Handgriff (I) angebracht, der das Aufrollen erleichtert.

F

G

H

H

Nützliche Extras

Sitzplatz. Vielleicht möchten Sie einen Stuhl, eine Bank oder einen kleinen Arbeitstisch ins Gewächshaus stellen? Als die Beete in unserem Gewächshaus angelegt waren, haben wir eine Ecke mit Ziegeln gepflastert, um einen Sitzbereich zu schaffen. Mir war klar, dass ich damit auf wertvolle Pflanzfläche verzichtete, andererseits hatten wir bewusst ein größeres Gewächshaus gebaut, um darin auch lesen, Pläne schmieden oder bei einer Tasse Tee entspannen zu können.

Platz für Utensilien. Am Eingang meines Gewächshauses steht ein Korb für allerlei Gartenutensilien – Rosenschere, Schaufel, Handschuhe, Sonnenhut, wasserfeste Marker, Pflanzenschildchen und Schnur zum Anbinden. Wer genug Platz hat, könnte auch eine große Deckelbox für Blumentöpfe und -schalen, Vlies usw. unterbringen. Solche Aufbewahrungslösungen helfen, Ordnung im Gewächshaus zu halten. Ich nutze auch die Querbalken im Giebel als Ablage.

Arbeitstisch. Praktisch ist ein Tisch zum Pflanzen und Umtopfen, unter dem man auch Säcke mit Pflanzsubstrat verstauen kann. Im Frühling und Herbst könnte man darauf Schalen mit Mikrogemüse aufstellen, das schon 2–3 Wochen nach der Aussaat geerntet werden kann.

Tritthocker. Ein standfester Tritt ist praktisch, um kletternde Gemüsearten in der Höhe anzubinden oder zu schneiden.

Wir haben in der Ecke unseres Foliengewächshauses einen kleinen Sitzplatz geschaffen. Auf der blauen Bank mache ich es mir gern mit einem Buch und einer Tasse Tee gemütlich.

DOPPELT wärmt besser

Im Winter stelle ich über dem Gemüse im ungeheizten Foliengewächshaus zusätzlich flache Tunnel mit einer Vliesabdeckung auf. Das Vlies dient als zusätzliche Isolierung und schützt das Gemüse vor eisigen Temperaturen. Es ist nicht ratsam, das Vlies direkt auf die Pflanzen zu legen, denn dadurch können die Blätter und Triebspitzen Schaden nehmen.

Das Gewächshaus reinigen

Damit Pflanzen gesund wachsen, muss die Gewächshausabdeckung sauber sein. Schmutz und Algen verringern die Lichtdurchlässigkeit und können auch Schädlingen und Krankheitserregern Quartier bieten.

Wer einen Bausatz gekauft hat, sollte sich die Hinweise des Herstellers durchlesen und die empfohlenen Reinigungsmaterialien verwenden. Verschiedene geeignete Produkte bekommt man im Fachhandel, aber ich verwendet meist einfach Wasser mit einem kleinen Spritzer mildem Geschirrspülmittel.

Polyethylen-Folie. Gewächshäuser und Kuppeln mit Polyethylen-Abdeckung sollten ein- bis zweimal jährlich gereinigt werden. Ideal ist ein milder Tag mit Nieselregen, weil die Schmutzschicht dann schon auf natürliche Weise eingeweicht ist und sich leichter entfernen lässt. Lösen Sie den Schmutz mit einer langstieligen Bürste (z. B. zum Autowaschen) oder einem Schwamm. Anschließend mit klarem Wasser nachspülen.

Das Dach des Gewächshauses ist am schwierigsten zu reinigen. Ich engagiere dafür einen Helfer. Dann binde ich an die beiden Enden eines alten Bettlakens stabile Schnüre und werfe eine davon über das Gewächshaus. Nun wird das Gewächshausdach mit Wasser besprengt, um den Schmutz zu lösen. Anschließend ziehen die beiden Personen das Laken an den Schnüren hin und her und arbeiten sich dabei über die Länge des Gewächshauses vor. Danach mit klarem Wasser nachspülen.

Polycarbonat. Mit Wasser, eventuell mit einem Spritzer Spülmittel, und einem Schwamm abwaschen, danach mit klarem Wasser abspülen.

Glas. Innen und außen mit einem Schwamm und Seifenwasser säubern. Aus Ritzen und Fugen lässt sich Schmutz mit einer Spülbürste, einer alten Zahnbürste oder einer anderen weichen Bürste entfernen. Klar nachspülen, dann das Glas auf Schäden oder lose Scheiben kontrollieren. Seifenwasser sollte nicht auf die Pflanzen tropfen.

SO HÄLT GEWÄCHSHAUSFOLIE LÄNGER

Straff spannen. Durchhängende oder faltige Folie flattert leichter im Wind, Dadurch kann es zu Schäden durch Reibung an der Unterkonstruktion kommen.

Die richtige Befestigung. Federdraht und Schlosskanäle beanspruchen die Folie weniger als Holzlatten und Schrauben.

Schaumstoffband. Vor dem Anbringen der Folie sollten Sie Schaumstoff-Klebeband auf die Metallkonstruktion kleben. Es verhindert, dass die Folie in direkten Kontakt mit dem Metall kommt und durch Reibung oder Hitze Schaden nimmt.

Kontrolle. Die Folie alle 1–2 Monate kontrollieren, vor allem nach Sturm oder schlechtem Wetter. Um Tür- und Fensterrahmen kommt es durch Reibung und Spannung besonders oft zu Schäden.

Sofort reparieren. Falls Sie Risse oder Löcher entdecken, flicken Sie sie sofort mit Reparaturklebeband. Am besten bewahren Sie eine Rolle davon immer griffbereit auf. Aus einem kleinen Loch kann bei kräftigem Wind schnell ein großer Riss werden. Das Klebeband wird innen und außen auf die schadhafte Stelle geklebt. Dafür muss die Folie vollständig trocken sein.

Die Umgebung. Ein Gewächshaus sollte mit ausreichendem Abstand zu Sträuchern und Bäumen gebaut werden. Denken Sie aber daran, dass die Pflanzen in der Umgebung wachsen, und schneiden Sie Zweige ab, bevor sie die Folie beschädigen können.

Schneelast vermeiden. Wenn Sie in einer Gegend mit häufigem Schneefall wohnen, sollten Sie den Schnee regelmäßig entfernen. Ich stelle mich dafür ins Gewächshaus und stoße den Schnee mit einem weichen Besen von der Folie. Dabei beginne ich in der Mitte und arbeite mich zu beiden Enden vor. Sie können auch eine Harke in ein Handtuch wickeln (alle Zinken müssen bedeckt sein!) und den Schnee von innen herunterstoßen oder von außen herunterziehen.

Achten Sie auch auf den Schnee rings um das Gewächshaus. Wenn dort schon ein hoher Wall liegt, kann frischer Schnee schlechter vom Gewächshaus herunterrutschen. Dadurch werden Folie und Konstruktion strapaziert, und es gelangt weniger Licht an die Pflanzen. Im Zweifelsfall sollten Sie den Schnee rings um das Gewächshaus wegschippen.

Durch schmutzige Folie dringt weniger Licht. Ich reinige das ganze Gewächshaus im Frühjahr gründlich und entferne Flecken, wann immer ich sie während der Saison entdecke.

Reparatur-Klebeband wird innen und außen auf schadhafte Stellen geklebt. Dafür muss die Folie vollkommen trocken sein.

Ein Funke vom Lagerfeuer hat ein Loch in die Folie gebrannt. Auch durch andere Ursachen können Löcher und Risse entstehen, darum ist es ratsam, immer eine Rolle Reparaturklebeband zur Hand zu haben.

ANDERE GROSSE GARTENBAUTEN

Foliengewächshäuser sind erschwinglich und bieten reichlich geschützte Pflanzfläche, sind aber wegen ihres Aussehens und ihrer Größe nicht in jeder Nachbarschaft willkommen. Gewächshäuser aus Glas oder Polycarbonat sehen ansprechender aus, sind aber deutlich teurer. Neben diesen beiden Varianten gibt es noch weitere Möglichkeiten. Für kostenbewusste Gärtner, die Wert auf praktischen Nutzen und Ästhetik legen, bietet sich eine geodätische Kuppel an. Diese Gebäude sehen gut aus, sind sehr stabil und windresistent. Wer neben Sonnenenergie auch Erdwärme nutzen möchte, ist mit einem Erdgewächshaus oder Walipini gut beraten. Darin fallen die Temperaturschwankungen geringer aus als in einem Gewächshaus oder einer Kuppel. Eine weitere Alternative ist ein Bioshelter. Diese Gebäude sieht man vor allem in Gemeinschaftsgärten immer öfter. Das Ziel eines Bioshelters ist es, ein sich selbst erhaltendes Ökosystem zu schaffen, zu dem auch Hühner, Aquakultur, Kompost zur Bodenverbesserung und Wärmeerzeugung sowie Wärmesenken wie Steine oder Wasserfässer gehören können.

IM BIOSHELTER

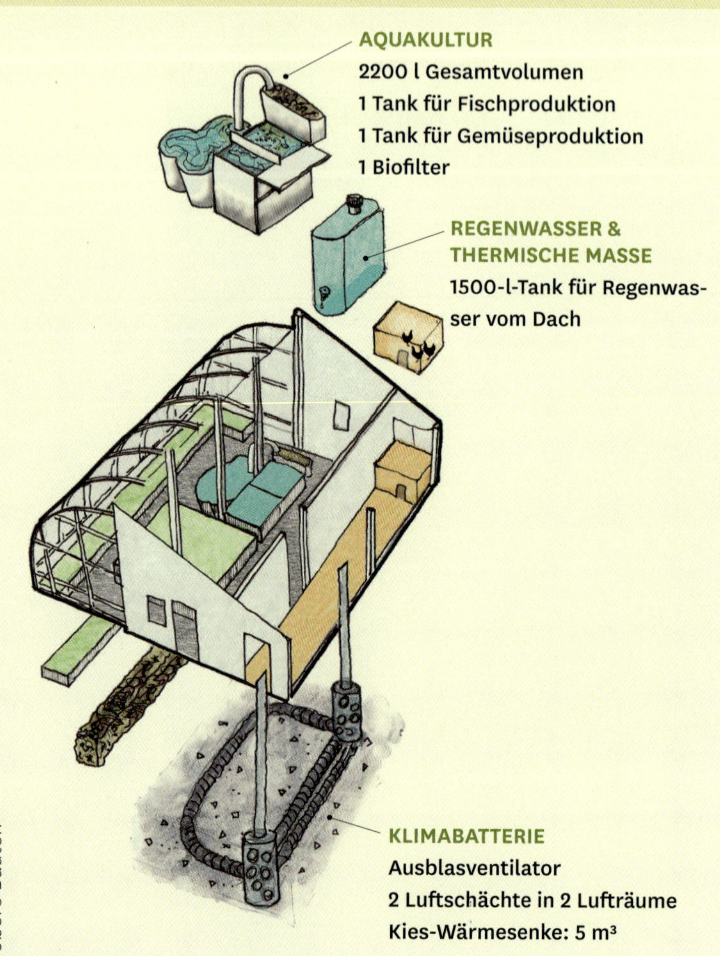

Bioshelter

Ein Bioshelter ist ein ganzes Ökosystem, zu dem Pflanzen und Tiere gehören. Man könnte darin Hühner oder Kaninchen halten, Aquakultur-Tanks aufstellen und neben Kräutern und Gemüse auch Beeren und anderes Obst ziehen. Auch Komposter oder Wurmkomposter finden ihren Platz in diesem System. Die verschiedenen Lebensformen im Bioshelter stehen in einer Wechselbeziehung. Tiere wie Kaninchen oder Hühner produzieren Mist, der kompostiert wird, gleichzeitig heizt ihre Körperwärme den Innenraum. Auch beim Kompostierungsprozess entsteht Wärme. Das Wasser der Aquakultur dient ebenso als Wärmespeicher wie Steine oder Wasserfässer. Nachts geben diese Elemente die gespeicherte Wärme an den Innenraum ab. Das bewirkt, dass die Temperaturschwankungen im Lauf von 24 Stunden weitaus geringer ausfallen als in einem traditionellen Gewächshaus.

Ein Bioshelter wird immer für seinen individuellen Standort und Zweck maßgeschneidert. Allen gemeinsam ist aber, dass sie nicht vollständig mit transparentem Material abgedeckt sind. Die Nordseite, oft auch die Ost- und Westseite, besteht aus aufgeschüttetem Erdreich, Wärme absorbierenden Steinen oder isolierten Wänden. Manche Bioshelter sind in die Erde eingesenkt, um die Isolierung zu verbessern und den

In diesem Bioshelter, gebaut von der Regenerative Design Group in Massachusetts, befinden sich Hochbeete, ein 550-l-Aquakulturtank, ein Wurmkompost-Graben, ein Regenwasser-Sammeltank und ein Hühnerauslauf.

Wärmeverlust zu verringern. Die Südseite ist mit transparentem Material bedeckt, meist Zweischeibenglas oder Polycarbonat-Doppelplatten, und so abgeschrägt, dass vor allem im Winter die Sonnenenergie optimal ausgenutzt wird. Nachts können an der Südseite isolierende Vorhänge oder Rollos geschlossen werden, um den Wärmeverlust zu reduzieren.

Ein normales Gewächshaus hat keine isolierenden Wände, darum geht nachts viel Wärme verloren. Im Bioshelter geht es darum, möglichst viel Licht einzufangen und gleichzeitig die gewonnene Wärme im Inneren zu halten.

Geodätische Kuppeln

Eine geodätische Kuppel ist ein halbkugelförmiges Gebäude mit kurzen Streben, die ein Muster aus Dreiecken bilden. Diese Konstruktion gibt den Kuppeln ihre Stabilität.

Die Kuppeln sind nicht nur ästhetisch, sondern sehr energieeffizient und standfest. Darum eignen sie sich vor allem in kleinen Gärten gut für den Gemüseanbau. Die runde Form sorgt für eine optimale Lichtausbeute, bietet wenig Windangriffsfläche und lässt Schnee leicht herabgleiten.

Verschiedene Typen. Bausätze für geodätische Kuppeln kann man in verschiedenen Größen kaufen. Baupläne für Selbstbauer sind im Internet zu finden. Die dreieckigen Streben können aus Holz oder Metall hergestellt und mit Gewächshausfolie oder Polycarbonatplatten verkleidet werden.

Für den Privatgarten werden meist Kuppeln mit 4,50–6 m Durchmesser verwendet, es gibt aber auch größere Modelle. Meist werden sie auf einem niedrigen Mauersockel errichtet, um Stehhöhe zu gewinnen. Die Höhe in der Mitte einer Kuppel entspricht ihrem halben Durchmesser, eine Kuppel mit 4,50 m Durchmesser ist also gerade 2,25 m hoch. Ein 30–60 cm hoher Mauersockel schafft auch Platz für größere Gemüsesorten, die sonst an die Kuppelwand stoßen würden.

Wer eine Kuppel komplett selbst bauen möchte, sollte sich einen Bauplan beschaffen. Für den Bau einer Kuppel sind eine Menge präziser Messungen und Schnitte erforderlich. Ein guter Bauplan spart Zeit und Geld und hilft, Enttäuschungen zu vermeiden.

KUPPEL MARKE EIGENBAU

Cam und Andrea Farnell haben aus verschiedenen Gründen eine Kuppel mit 8 m Durchmesser in ihrem Garten gebaut. Vor allem wünschten sie sich eine Konstruktion, die heftigen Wind und viel Schnee verkraftet, und die auch im Winter reichlich Wärme speichert. Dieses Ziel haben sie mit ihrer Kuppel erreicht. Als die Foliengewächshäuser der Nachbarn unter dickem Schnee zusammenbrachen, hielt ihre Kuppel. Und wenn an sonnigen Wintertagen die Außentemperatur bei –15 °C liegt, kann es in der Kuppel über 20 °C warm werden. Der Boden im Inneren gefriert nie, und auch auf dem 300-l-Wassertank (der zur Bewässerung und als thermische Masse dient) hat sich noch nie Eis gebildet.

Die Kuppel speichert Wärme besser als ein gängiges Gewächshaus. Zusätzlich haben die Farnells sie auf einer kniehohen Zementwand errichtet, die als thermische Masse wirkt. Die Nordseite ist mit einer reflektierenden Isolierung bedeckt, und für die sonstige Abdeckung haben sie Polycarbonat-Fünffachplatten verwendet: fünf Kunststofflagen mit vier isolierenden Luftschichten dazwischen.

In der Kuppel steht ein Trommelkomposter, der einen Doppelnutzen hat. «Der Komposter gibt Wärme ab und heizt so die Kuppel,» sagt Cam. «Und im Herbst und Winter ist es in der Kuppel warm genug, dass der Verrottungsprozess voranschreitet. Das würde im Freien nicht funktionieren.» Ein kleiner Lüfter mit Solarbetrieb leitet warme Luft, die unter das Dach aufsteigt, in zwei Rohre, die an der Außenseite der Kuppel unter den Hochbeeten verlaufen und diese so erwärmen.

Wenn im Sommer die Innentemperatur auf 30–35 °C steigt, kommen zwei thermostatgesteuerte

Lüfter in der Tür und vier Lüftungsklappen mit Öffnungsautomaten zum Einsatz, damit es dem Gemüse nicht zu heiß wird.

Insgesamt sind Cam und Andrea mit ihre Kuppel sehr zufrieden. «Vor allem von der Funktion im Winter sind wir absolut begeistert,» sagt Cam. «Wir haben in unserer Kuppel schon jede Menge Gemüse angebaut.»

Walipinis

Wenn ich jemals genug Platz – und Zeit – habe, hätte ich große Lust, ein Walipini zu bauen. So ein Erdgewächshaus liegt 1,5–2 m tief in der Erde und nutzt Sonnenenergie und Erdwärme, um eine geschützte Umgebung für Pflanzen zu schaffen. Im Grunde ist es nicht viel mehr als ein Erdloch mit einem durchsichtigen Dach.

In einem Erdgewächshaus sind Temperaturschwankungen und Wärmeverlust deutlich geringer als in einem konventionellen Gewächshaus. Und da ein Erdgewächshaus relativ wenig kostet und äußerst effektiv ist, hat es durchaus einen Platz im Privatgarten verdient. Die Ernte lässt sich in den meisten Regionen bis in den Herbst oder sogar Winter verlängern, und im Frühjahr kann man erheblich früher pflanzen.

Die Gestaltung eines Walipinis hängt vom Standort ab. Bei uns im Norden müsste das Dach steil sein (ca. 60 °), weil die Sonne im Winter so tief steht. Weiter südlich, wo die Sonne höher steht, kann die Dachneigung flacher sein.

Im Inneren könnten sich passive Wärmespeicher (Wassertonnen, Steine) befinden, reflektierende Vorhänge an der Nordwand oder isolierende Styroporplatten an den unterirdischen Wänden.

Das Baugelände für das Erdgewächshaus muss über eine hervorragende Drainage verfügen, vor allem, wenn im Frühling viel Schmelzwasser auftreten kann. Vermeiden Sie außerdem Bereiche, an denen sich Frostfallen bilden können (z. B. am Fuß eines Hügels) oder die starkem Wind ausgesetzt sind.

JOES & MEGANS WALIPINI

Joe Hood und Megan Andrus haben in ihrem Garten ein Walipini von 3×5 m Größe gebaut. «Es fängt tagsüber Sonnenwärme ein und speichert sie, sodass sie nachts abgegeben wird. Der Innenraum kühlt also nur langsam ab.» erklärt Joe.

Geheizt wird das Walipini ausschließlich durch die Sonne. Es ist so gebaut, dass es die Wärme möglichst lange speichert. Im unteren Bereich hat es Betonwände mit einer Isolierung (R-Wert 10), die 1,20 m in die Tiefe reicht. Dach und Seitenwände sind so gut isoliert, dass ihr R-Wert bei 27 liegt.

Den Boden des Innenraums bildet eine 45 cm dicke Schicht aus grapefruitgroßen Natursteinen unter einer dünneren Schotterschicht, die als thermische Masse dienen, also Wärme speichern oder auch kühlen können. Ein 100-Watt-Lüfter leitet warme Luft aus dem Deckenbereich in ein Rohr, das durch die Steinschicht und dann durch die Hochbeete verläuft. Die Steine speichern tagsüber Wärme und geben sie nachts langsam wieder in den Innenraum ab.

Das Walipini verläuft in Ost-Westrichtung und ist auf der Südseite mit dreischichtigen Polycarbonatplatten gedeckt, die gut isolieren und 72 % Sonnenlicht durchlassen. Die optimale Dachneigung hängt von der geografischen Breite ab. Joe und Megan leben in Sackville (Nova Scotia, Kanada) auf etwa 45° nördlicher Breite. Sie haben eine Neigung von 47° gewählt, um im Frühherbst und Spätwinter möglichst viel Wärme einzufangen und dennoch an den kürzesten Tagen des Jahres eine Lichtausbeute von 93 % zu haben.

Temperatur und Luftfeuchtigkeit im Erdgewächshaus überwacht Joe mit seinem Smartphone. «Es ist faszinierend, wie schnell sich der Innenraum sogar an bewölkten Tagen erwärmt», sagt er.

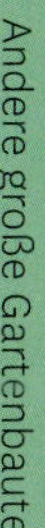

4

Anbau UNDER COVER

Nachdem wir uns mit den verschiedenen Gebäudetypen und Abdeckungen beschäftigt haben, geht es nun um den Anbau unter Dach. Ich stelle jedes Jahr im Winter einen Jahresplan für den Garten auf. Darin lege ich Aussaat- und Pflanztermine fest, aber auch Strategien zur Bekämpfung von Schädlingen und zur Krankheitsvorbeugung. In diesem Kapitel finden Sie Ideen zur Bepflanzung von Beeten und Pflanzgefäßen. Es wird um die geschickte Platzausnutzung gehen, um das Vorwärmen des Bodens, das Unterdrücken von Unkraut und die Verbesserung des Bodens.

Meine Gewächshausbeete sind 90 cm breit. So kann ich alles von einer Seite aus bearbeiten.

DIE AUFTEILUNG PLANEN

Am besten berücksichtigen Sie schon bei der Planung, welche Abdeckungen Sie verwenden möchten. So lassen sich die verschiedenen Abdeckungen besser integrieren, und Sie können den dafür notwendigen Platz einplanen. Es ist zwar verlockend, die Beete mit engen Abständen anzulegen, um möglichst viel Fläche zu bepflanzen. Klüger ist es aber, rings um die Beete genug Platz zu lassen, um sie bequem bepflanzen, pflegen und abernten zu können. Meine Hauptwege sind 1,20 m breit – genug für eine Schubkarre. Für kleinere Nebenwege genügt eine Breite von 60–90 cm. Je nach Bepflanzung und Jahreszeit errichte ich über manchen Beeten Tunnel mit Folie, Vlies, Schattiergewebe, Netz (gegen Vögel und Rehe) oder Insektengitter. Ich brauche also genug Platz, damit das Aufstellen der Bögen und das Anbringen der Abdeckung schnell und einfach geht.

Mir macht diese Planung Spaß, weil es so viele Möglichkeiten gibt, beispielsweise ebenerdige Beete oder Hochbeete, dauerhafte oder kurzzeitige. Für die Beethöhe spielen vor allem Bodenqualität, Drainage und persönliche Vorlieben eine Rolle. Grundsätzlich sollten Beete aber nur so breit sein, dass man alle Pflanzen erreichen kann, ohne in die Beete treten zu müssen.

Natürlich hat auch die Breite des Gewächshauses Einfluss auf die Beetbreiten. In einem Gewächshaus von 2,50–4 m Breite kann man zwei Beete in Längsrichtung oder ein u-förmiges Beet anlegen. Ist das Gewächshaus breiter, sind drei Beete mit dazwischenliegenden Wegen möglich.

Sparen Sie nicht an den Wegen. Man neigt zwar dazu, Wege möglichst schmal anzulegen, um Platz für Gemüse zu gewinnen, aber die Wege sollten so breit sein, dass man bequem arbeiten kann. Im Idealfall sind alle Beete mit einer

Schubkarre erreichbar, um Gartenabfälle, Erde, Kompost und andere Materialien schnell und einfach transportieren zu können.

Beete sind nicht die einzige Möglichkeit. Manche Gärtner entscheiden sich für Kübel oder Pflanzsäcke, um die Aufteilung und Anordnung Jahr für Jahr verändern zu können. Dabei ist aber zu bedenken, dass das Substrat in Pflanzgefäßen aller Art schneller austrocknet, Sie müssen also häufiger gießen.

In unserem Foliengewächshaus haben wir Hochbeete mit Einfassungen aus Hemlock-Brettern gebaut. Der vorhandene Boden war schlecht und voller Unkraut, darum haben wir ihn 30 cm tief ausgehoben und entfernt. Dann haben wir ein Unkrautvlies verlegt und die Beete mit einer Mischung aus Gartenerde, Kompost, gehäckselten Blättern und kompostiertem Seetang gefüllt.

HOCHBEETE BAUEN

Rechteckige Hochbeete sind ideal für Gewächshäuser, weil man in ihnen leicht Bögen für Folien, Vlies oder Schattiergewebe errichten kann. Es ist sogar möglich, einen passenden Deckel zu bauen, um sie im Frühling, Herbst und Winter als Frühbeet zu nutzen. Außerdem sorgen die Einfassungen der Hochbeete dafür, dass die Wege im Gewächshaus sauber bleiben.

Auch in Bezug auf den Gemüseanbau haben Hochbeete entscheidende Vorteile. Die Erde taut im Frühling schneller auf (was sich durch Folie noch beschleunigen lässt). Kompost, verrotteter Stallmist oder andere Bodenverbesserer lassen sich gezielt ausbringen, sodass alle Nährstoffe dem Gemüse zugute kommen. Die Drainage ist selbst nach Starkregen besser als im offenen

Hochbeete haben mehrere Vorteile. Die Erde erwärmt sich im Frühling schneller, sie wird nicht verdichtet, und die Größe lässt sich leicht auf Tunnelbögen abstimmen.

Unsere HOCHBEET-Renovierung

Im Frühling 2016 haben wir unseren Nutzgarten renoviert und erweitert. Dabei haben wir etwa 30 % mehr Pflanzfläche geschaffen und 20 Hochbeete gebaut. Der Umstieg von acht einfachen Beeten auf 20 Hochbeete mit Holzeinfassung hat die Arbeitsbelastung verringert. In Hochbeeten gibt es selten Unkrautprobleme (sofern man Sämlinge sofort auszupft), vor allem mein Kampf gegen Wurzelunkraut hatte ein Ende. Je älter ich werde, desto mehr schätze ich es, dass ich beim Säen, Pflanzen und Pflegen nicht mehr knien muss.

Außerdem lässt sich mit Hochbeeten die Saison leicht verlängern. Unsere sind so bemessen, dass man darüber im Frühling, Herbst und Winter leicht Tunnel aufstellen kann. Für die Bögen verwende ich Metall- oder PVC-Rohre, die ich je nach Saison und Gemüseart unterschiedlich bedecke. Im Frühling kommt meist Vlies zum Einsatz, und im Spätfrühling und Sommer verwende ich Schattiergewebe, um länger Salat und anderes Gemüse, das bei Hitze leicht in Saat schießt, ernten zu können. Im Winter wird Gewächshausfolie über die Bögen gebreitet, um Lauch, Grünkohl, Senfkohl, Wintersalate, Spinat und Frühlingszwiebeln zu schützen.

Garten, und die Erde wird nicht verdichtet, weil man sie nicht betritt. Man kann sie enger bepflanzen. Das bringt höhere Erträge und verhindert gleichzeitig, dass sich Unkraut ansiedelt.

Vorhandenes nutzen. Man kann Hochbeete einfach aufhäufen oder mit unbehandelten Brettern, Mauersteinen, Ästen oder Natursteinen einfassen – was gerade vorhanden ist. Unsere Beete sind 1,2 × 2,4 m oder 1,2 × 3 m groß und mit unbehandelten Hemlock-Bohlen eingefasst (breiter als 1,2–1,5 m sollten sie nicht sein, sonst ist die Beetmitte schwer zu erreichen.) Manche Menschen bauen Hochbeete nur 15–30 cm hoch. Unsere sind 40 cm hoch, weil der Boden schlecht und mit Unkraut durchwuchert war. Natürlich kann man sie höher bauen, damit sie auch bei eingeschränkter Mobilität gut erreichbar sind.

Für Tunnel über den Hochbeeten stecke ich die PVC- oder Metallbögen meist direkt in den Boden, weil sie von den Holzeinfassungen gehalten werden. Im Frühling und Herbst werden sie oft nur kurzzeitig gebraucht, da ist diese einfache Lösung praktisch. Im Winter befestige ich sie mit Metallschellen an den Bohlen, weil sie dann länger in Gebrauch sind und eventuell Schnee tragen müssen.

Pflanzbehälter

Pflanzbehälter können gut mit Beeten kombiniert werden. In meinem Gewächshaus habe ich an den Längsseiten dauerhafte Hochbeete gebaut. Die Mitte ist frei und wird im Frühling, Sommer und Herbst für Pflanzsäcke benutzt. Das gefällt mir gut, weil ich so die Aufteilung und Bepflanzung jedes Jahr nach Bedarf verändern kann. An der Firststange und den Querstreben befestige ich Schnüre, an denen Tomaten, Gurken und andere hochwachsende Gemüsearten angebunden werden. Kübel, Kästen und Pflanzsäcke kann man auch auf die Terrasse stellen und zeitweilig abdecken, um früher pflanzen und länger ernten zu können. Schattiergewebe mit Ösen kann im Sommer schnell an Schnüren aufgehängt werden. Und um Tomaten im Frühling und Herbst vor Frost zu schützen, brauchen Sie nur

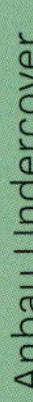

In der Mitte meines Gewächshauses stehen Pflanzsäcke mit hohen Rispentomaten. Sie bieten mir die Möglichkeit, die Anordnung der Pflanzen von Jahr zu Jahr zu verändern, und sie fassen viel Substrat für wüchsige Pflanzen wie Tomaten, Gurken oder Melonen.

ein einfaches Holzgestell zu bauen und mit etwas Gewächshausfolie abzudecken.

Der Anbau in Pflanzbehältern hat auch Vorteile, wenn der Gartenboden schlecht oder das Wetter unkalkulierbar ist. Man kann die Pflanzen dort platzieren, wo sie am besten gedeihen: Blattgemüse an einem halbschattigen Platz auf der Terrasse, Paprika an einem besonders warmen Platz. Unser Garten ist insgesamt sonnig, auf der Holzterrasse, die im Windschatten eines Abhangs liegt, wird es im Sommer sogar so heiß, dass Auberginen und Paprika in Kübeln prächtig gedeihen. Viele Pflanzbehälter kann man auch schnell ins Gewächshaus räumen, wenn ein Hagelschauer aufzieht oder unerwartet Frost angekündigt wird.

BODENANALYSE

Es gibt verschiedene Gründe dafür, regelmäßig Bodenproben zu prüfen. Der erste Test sollte stattfinden, wenn man einen neuen Garten anlegt. So bekommt man einen guten Eindruck über die Bodenqualität und kann Problemen wie Nährstoffmangel rechtzeitig entgegenwirken. Außerdem gibt die Bodenuntersuchung Aufschluss darüber, welche Bodenverbesserer und Nährstoffe man den Beeten zuführen sollte. Selbst wenn mein Gemüse gut gedeiht, nehme ich alle zwei bis drei Jahre Bodenproben, auch um den pH-Wert zu prüfen. Ein Wert von 7 ist neutral, ein Wert von 6,5 sagt den meisten Pflanzen zu. Liegt er unter 5,5 oder über 7, können Pflanzen die Nährstoffe schlechter aufnehmen. Mein Boden ist sauer, darum streue ich von Zeit zu Zeit Dolomitkalk, um den pH-Wert anzuheben.

FRÜHLINGSPFLANZUNG

Mit schützenden Dächern kann man im Frühling einen Zeitvorsprung von Wochen (Vlies, Glocken, Folientunnel) oder Monaten (Frühbeete, Gewächshäuser) gewinnen und im Herbst die Saison um die gleiche Zeit verlängern.

Ich finde es am einfachsten, das Jahr in drei Wachstumszeiten zu gliedern: warme Saison, kühle Saison und kalte Saison. Zwischen dem letzten Frost im Frühling und dem ersten Frost im Herbst liegt die warme Saison. Frühling und Herbst bilden die kühle Saison, der Winter ist die kalte Saison.

Es hängt von Art und Material der Abdeckung ab, wie viel früher Sie mit dem Anbau starten können. Ein Frühbeet-Deckel aus doppelwandigem Polycarbonat isoliert beispielsweise besser als eine einlagige Folie. Ins Frühbeet säe ich Spinat im Februar, ins Freiland könnte ich ihn erst Ende April säen. Das macht einen Vorsprung von zwei Monaten aus. Ähnlich früh kann ich auch im Foliengewächshaus säen. Wenn im Februar das letzte Wintergemüse geerntet ist, können auf die freien Flächen sofort Möhren, Rote Bete, asiatische Salate und Erbsen gesät werden.

Aber es geht nicht nur um Gemüse für die kalte Saison. Auch wärmeliebende Arten wie Tomaten, Paprika und Gurken kann man unter Dach früher pflanzen. Meine Tomaten-Sämlinge pflanze ich Anfang Mai ins Foliengewächshaus – einen Monat früher als ins Freiland. Ich könnte sie noch früher pflanzen, wenn ich für die Nächte eine kleine Heizung hätte. Ohne Heizung lege ich Vlies griffbereit, um es schnell über die Pflanzen zu breiten, wenn die Nachttemperatur im Mai unter 10 °C sinkt.

Kulturdauer. Um einen Zeitplan aufzustellen, sollten Sie notieren, welche Pflanzen Sie anbauen wollen, und wie lang jeweils die Kulturdauer ist. Die Zeit, die zwischen Aussaat oder Pflanzung und Ernte vergeht, unterscheidet sich von Sorte zu Sorte, ist aber meist auf Samentüten und in Katalogen angegeben.

Buschbohnen 'Provider' brauchen beispielsweise von Aussaat bis Ernte 50 Tage. Als Gemüse für die warme Saison können sie erst nach dem letzten Frost im Frühling gesät werden. Tomaten 'Sungold' brauchen von Pflanzung (nicht Aussaat!) bis Ernte 57 Tage. Achten Sie auf solche Informationen in den Katalogen.

Welche Saison? Dann ist zu entscheiden, wann Sie das Gemüse anbauen wollen. Gemüse für die warme Saison kann nur zwischen dem letzten Frost im Frühling und dem ersten Frost im Herbst kultiviert werden. Das ist in meiner Region ein Zeitraum von etwa 140 Tagen. Ich

Einfache Glocken aus Glas oder Kunststoff schützen wärmeliebende Tomaten und Paprika im Frühling.

Ein Tunnel lässt sich im Frühling im Handumdrehen über Tomaten-Jungpflanzen aufbauen. Ob mit Vlies oder Folie abgedeckt: Er schafft ein Mikroklima, in dem die Pflänzchen vor den schwankenden Temperaturen im Mai geschützt sind.

brauche also Sorten mit einer Kulturdauer von 140 Tagen oder weniger.

Vorsprung gewinnen im Frühling

Den Boden erwärmen. Viele Gemüsearten kann man direkt ins Beet säen, sofern die Bodentemperatur über 7 °C liegt. Dazu gehören beispielsweise Möhren, Rote Bete, Spinat, Rucola, Erbsen und Radieschen. Wenn der Boden aber mit kaltem Wasser gesättigt ist, erwärmt er sich im Frühjahr nur langsam. Clevere Gärtner ergreifen Maßnahmen, um diesen Vorgang zu beschleunigen.

Es gibt verschiedene Methoden, den Boden zu erwärmen. Am einfachsten ist es, 12–14 Tage vor dem geplanten Aussaattermin transparente oder schwarze Folie auf dem Boden auszubreiten und mit Steinen oder Ästen zu beschweren, damit sie nicht wegweht. Die Folie bleibt Tag und Nacht liegen. Beim Abnehmen entdeckt man wahrscheinlich Unkraut. Das ist normal. Wer es jetzt auszupft, hat später keine Last damit.

Vor dem Auspflanzen von Warmwetterpflanzen wie Melonen, Auberginen und Paprika sollte der Boden unbedingt erwärmt werden, sonst können die Pflanzen Schaden nehmen oder sogar absterben. Das gilt vor allem für Gärten in kühlerem Klima. Nach dem Abnehmen der Folie und dem Säen oder Pflanzen empfiehlt es sich, einen Tunnel über dem Beet aufzustellen, um sich gegen unbeständiges Frühlingswetter zusätzlich abzusichern.

Geschützte Freilandaussaat. Ob Sie dem Boden Zeit lassen, sich selbst zu erwärmen, oder etwas nachhelfen: In jedem Fall können Sie mit einem geeigneten Schutz früher säen. Ich setze dafür normalerweise Glocken sowie Tunnel mit

Vlies oder Folie ein. Kopfsalat und Spinat, die in meiner Gegend meist Ende Mai ins Freiland gesät werden, kann ich in einem Folientunnel etwa 8–10 Wochen früher säen. Vlies isoliert nicht so gut wie Folie, kann aber über Bögen oder direkt auf die Beete gelegt werden, um etwa 4–6 Wochen früher zu säen. Wenn tagsüber die Temperaturen über 7 °C steigen, sollten die Tunnel gelüftet werden.

Auch Glocken geben einen gewissen Schutz, eignen sich aber am besten für Pflanzen in Kübeln oder kleine, dichte Gruppen von Samen. Wegen ihrer Form und Größe kann man mit ihnen keine Saatreihen oder Saatbänder abdecken. Trotzdem finde ich sie im Frühling sehr nützlich, um einzelne Sämlinge zu schützen.

Ein kaltes Frühbeet kann im zeitigen Frühjahr benutzt werden, um Sämlinge zu ziehen oder um zarte Jungpflanzen vor dem Umzug ins Beet abzuhärten.

Sämlinge abhärten

Sämlinge, die unter Dach mit Wachstumslampen gezogen werden, haben ein schönes Leben: nicht zu warm und nicht zu kalt, reichlich Nährstoffe und Wasser, keine Insekten, keine gefräßigen Rehe oder Kaninchen. Das bewirkt, dass sie keine «Rüstung» gebildet haben – diese wachsige Schicht, die sie vor Wind und Sonne schützt. Folglich müssen diese verwöhnten Sämlinge zuerst abgehärtet werden. Erst nach der allmählichen Gewöhnung an die Lebensbedingungen im Freien kann man sie auspflanzen. Das dauert 5–7 Tage.

Auch wenn Sämlinge nicht ins Freiland gesetzt werden sollen, sondern ins Gewächshaus oder Frühbeet, sollte man sie abhärten. Sonst besteht die Gefahr, dass sie den Schock des Umpflanzens nicht verkraften. Dann können die Blätter welken, gelb werden oder sich einrollen.

Die Konfrontation mit dem «wirklichen Leben» kann für zarte Pflanzen ein Schock sein. Sie müssen schwankende Temperaturen, böigen Wind, Regen, Hagel, Insekten und andere hungrige Tiere verkraften. Mit einem schützenden Dach lässt sich der Umzug für die Jungpflanzen weniger traumatisch gestalten. Dafür eignen sich Tunnel mit Vlies, Folie oder Schattiergewebe, ein Frühbeet oder sogar das Gewächshaus. Sie alle bieten Schutz vor unfreundlichem Wetter und Schädlingen, während sich die Sämlinge an das Leben im Freien gewöhnen.

Wochenplan zum Abhärten

TAG 1: Eine Woche vor der geplanten Pflanzung die Sämlinge an einem milden Tag an einen Schattenplatz im Freien stellen. Über Nacht ins Haus holen. Wenn Sie viele Sämlinge haben, bauen Sie in einer Gartenecke einen Tunnel mit Schattiergewebe auf.

TAG 2: In vollen Schatten oder Halbschatten stellen, über Nacht ins Haus holen.

TAG 3: Die Sämlinge so stellen, dass sie einige Stunden Morgensonne bekommen. Bei milder Witterung nachts draußen lassen, eventuell mit Vlies abdecken. Wenn Sie zum Abhärten einen Tunnel verwenden, decken Sie ihn über Nacht mit Folie ab.

TAG 4: Die Sämlinge sollten einen halben Tag lang volle Sonne bekommen. Nachts bleiben sie bei milder Witterung draußen.

TAG 5: Die Sämlinge den ganzen Tag in die Sonne stellen und nachts draußen lassen.

TAG 6: Die Sämlinge umpflanzen – ins Frühbeet, Gartenbeet (eventuell im Folientummel) oder ins Gewächshaus.

Falls Sie Sämlinge auspflanzen müssen, bevor sie vollständig abgehärtet sind, decken Sie sie mit Schattiergewebe oder Vlies ab, um den Schock etwas zu mildern.

ABDECKEN zur Sicherheit

Wenn die abgehärteten Sämlinge in die Beete gepflanzt sind, lassen Sie die Abdeckmaterialien griffbereit liegen – als Versicherung, falls das Wetter umschlägt. Ich habe schon öfter erlebt, dass kurz nach dem Auspflanzen meiner jungen Tomatenpflanzen Nachtfrost vorhergesagt wurde. Vlies und Glocken schützen vor Kälte und Frost (Frühling, Herbst), Schattiergewebe vor Hitze (Sommer). Frühbeet und Folientunnel schützen vor Starkregen, Frost und Schnee (Frühling, Herbst und Winter).

DIE HÖHE NUTZEN

Wer in Gewächshaus oder Kuppel den Platz voll ausnutzt und Pflanzen in die Höhe wachsen lässt, kann mehr ernten. Außerdem sinkt das Risiko für Schädlings- oder Krankheitsbefall.

Aufwärts: Drei Vorteile

Bessere Raumnutzung. Wegen der begrenzten Pflanzfläche im Gewächshaus ist es sinnvoll, den Luftraum für hohe oder kletternde Gemüsearten zu nutzen.

Größere Erträge. Im offenen Beet wie unter Dach kann man kletternde Gemüsepflanzen in geringeren Abständen pflanzen, wenn man sie in die Höhe zieht. Die Früchte sind besser zu sehen (also leichter zu ernten), und Gurken oder längliche Sommerkürbisse bilden geradere Früchte, wenn sie aufrecht gezogen werden.

Weniger Krankheiten und Schädlinge. Bindet man Tomaten oder Gurken hoch, treten weniger Krankheiten und Schädlinge auf. Das Beet sieht ordentlicher aus, was Pflege und Ernte erleichtert. Weil die Luft besser zirkuliert, trocknet Kondens- und Spritzwasser schneller. Dadurch verringert sich die Gefahr für Schäden durch Krankheiten oder Insekten.

Die Querstreben unter dem Dach meines Foliengewächshauses dienen zur Stabilisierung der Konstruktion. Ich binde daran Schnüre fest, an denen ich Gurken und Tomaten festzurre oder mit Pflanzenclips befestige.

Rechtzeitig planen

Am besten plant man Kletterhilfen schon beim Bau des Gewächshauses oder sogar vorher ein.

Querstreben. Viele Gewächshäuser haben waagerechte Querstreben, die über Kopfhöhe montiert werden und eigentlich dazu dienen, die Konstruktion zu stabilisieren. Für manche Modelle muss man sie separat kaufen. Sie eignen sich gut, um Spaliere, Schnüre oder Drähte aufzuhängen. Solche Querstreben sind nicht unbedingt nötig, um Gemüse in die Höhe zu ziehen, aber sie sind praktisch und stabil. In Konstruktionen ohne solche Streben kann man Spaliere und Stäbe in die Erde stecken.

Schatten vermeiden. Wer Sämlinge ins Gewächshaus pflanzt, sollte bei der Anordnung ihre endgültige Größe berücksichtigen und sie so platzieren, dass sie keinen Schatten auf andere Pflanzen werfen. Nicht nur hohe Pflanzen werfen Schatten, sondern auch Regale, Hängeampeln oder Rankgitter. Ganz lässt sich Schatten wohl nicht vermeiden. Nutzen Sie solche Bereiche für Pflanzen, die mit weniger Licht auskommen. Blattsalate, Frühlingszwiebeln, Rote Bete, Radieschen und Rüben sowie Kräuter wie Schnittlauch, Petersilie und Koriander gedeihen auch im Halbschatten gut.

Unbehandelte Schnüre aus Naturfaser kann man am Ende der Saison einfach mit den Resten der abgeernteten Pflanzen auf den Kompost werfen.

Regelmäßig anbinden

Jungpflanzen von Gurken, Tomaten oder Melonen sind klein, wachsen aber schnell und bilden schwere Früchte. Darum ist es wichtig, geeignete Stützkonstruktionen anzubringen, bevor die Pflanzen in die Erde gesetzt werden. Kletternde Arten wie Bohnen, Erbsen, kleinere Gurken und Kürbisse wachsen an Spalieren, stabilen Netzen oder Dreibeinen schnell in die Höhe. Hohe Tomatenpflanzen müssen gestützt werden. Dafür eignen sich Stäbe oder Schnüre, an denen die Pflanzen regelmäßig angebunden oder mit Pflanzenclips befestigt werden.

DRAHT UND SCHNUR

Für diese Methode führe ich stabile Drähte entlang der Querstreben im Foliengewächshaus und lasse daran Schnüre herabhängen, an denen ich die Pflanzen anbinde. Dafür verwende ich robusten, dicken Zaundraht. Schnüre aus unbehandeltem Sisal sind sehr praktisch, weil man sie am Ende der Saison einfach kompostieren kann. Sparen Sie lieber nicht am falschen Ende, denn billige Schnur neigt eher zum Reißen, wenn die Pflanzen groß sind und schwere Früchte tragen. Es ist ärgerlich, wenn man ins Gewächshaus kommt und die schönen Tomatenpflanzen am Boden liegen sieht, aber das lässt sich mit hochwertiger Schnur leicht vermeiden.

Wenn die Sämlinge gepflanzt sind, hänge ich über jedem eine Schnur auf und knote sie locker um den Stiel oder befestige sie mit einem Pflanzenclip. Wenn die Pflanze wächst, winde ich den Haupttrieb um die Schnur, und zwar immer in

WELCHE STÜTZE FÜR WELCHES GEMÜSE?

	Spaliere	Netze	Schnüre	Käfige	Stäbe
Salatgurken	x	x	x	Zwergformen	
Hohe Rispentomaten	x		x		x
Minigurken/Einlegegurken	x	x			
Melonen	x	x	x		
Erbsen	x	x			
Stangenbohnen	x	x	x		
Auberginen			x	x	x
Paprika			x	x	x
Kürbisse (kleinfrüchtige)	x	x			

derselben Richtung, damit der Trieb sich nicht von selbst wieder lösen kann.

ANDERE STÜTZEN

Schnüre sind praktisch und beliebt, es gibt aber noch andere Möglichkeiten, um Pflanzen im Gewächshaus in die Höhe zu ziehen.

Draht- oder Holzkäfige. Meiner Meinung nach sind traditionelle Käfige aus Draht selten stabil genug für Rispentomaten, aber sie eignen sich gut für Paprika, Auberginen und Gurkensorten mit eher buschigem Wuchs. Man kann solche Käfige kaufen oder – für größere Pflanzen – auch in verschiedenen Größen selbst bauen.

Stäbe. In den Hochbeeten im Gemüsegarten verwende ich 2 Meter hohe Holzstäbe für Rispentomatensorten wie 'Sungold'. Sie kosten nicht viel und halten mehrere Jahre. Ebenso gut eignen sich Metallstangen, Kunststoff-Pflanzstäbe oder spezielle Tomaten-Spiralstäbe aus dem Fachhandel.

HOLZSTANGEN

Spaliere, Dreibeine und Obelisken. Solche Stützkonstruktionen gibt es in vielen Ausführungen zu kaufen. Ich benutze Obelisken aus Metall und Holz, Dreibeine aus Bambusstäben und Spaliere in verschiedenen Größen.

Netze. An der Nordseite meines Foliengewächshauses wachsen Erbsen, Bohnen und Minigurken an Nylonnetzen. Da es an diesem Ende des Gewächshauses keine Beete gibt, setze ich sie in große Kübel oder Pflanzsäcke.

NOCH MEHR IDEEN FÜR DIE HÖHE

Regale. Regale, frei stehend oder aufgehängt, sind praktisch für Töpfe mit Erdbeeren, Kräutern und kleineren Gemüsepflanzen. Natürlich kann man sie auch nutzen, um Werkzeug abzulegen oder Aussaatschalen aufzustellen.

Lebende Wände. Pflanzsysteme für die Wand eignen sich gut für kleinwüchsige Nutzpflanzen wie Erdbeeren, Kräuter, Salate und Ampeltomaten wie 'Lizzano'. Viele solcher Systeme verfügen über ein wasserdichtes Reservoir, was die Bewässerung im Gewächshaus erheblich erleichtert. An den Giebelseiten des Gewächshauses können Sie mit Wandtöpfen oder Blumenkästen auch selbst eine grüne Wand schaffen.

Etagenkübel. Hohe Kübel zur mehrstöckigen Bepflanzung kann man in verschiedenen Ausführungen kaufen. Viele haben Ausbuchtungen an der Außenseite, in die man die Pflanzen setzen kann. Sie eignen sich für kleinwüchsige Arten.

Ampeln. An stabilen Querstreben kann man auch Ampeln aufhängen. Sie trocknen bei warmem Wetter aber schnell aus und müssen regelmäßig bewässert werden.

Beschneiden und ausgeizen

Hohe Pflanzen mit engen Abständen müssen regelmäßig beschnitten oder ausgegeizt werden. Indem man Ausläufer oder Seitentriebe entfernt, regt man das Wachstum der Pflanze, die Blüte und die Fruchtbildung an. Außerdem kann man mehr Pflanzen auf geringer Fläche unterbringen, wenn man sie schlank hält. Gleichzeitig wird die Luftzirkulation verbessert, die Blätter trocknen schneller ab und das Krankheitsrisiko sinkt.

Der Rückschnitt muss regelmäßig vorgenommen werden. Besonders wichtig ist das Ausgeizen von Tomaten – das Entfernen der Seitentriebe, die sich in den Blattachseln bilden. Lässt man sie stehen, steckt die Pflanze viel Energie in die Blattbildung. Dadurch bleiben die Früchte kleiner und reifen später.

Kleine Seitentriebe kann man einfach mit den Fingernägeln abknipsen. Lässt man sie zu lange stehen, muss die Rosenschere zum Einsatz kommen. Ich entferne von den Tomaten auch die unteren Blätter, sobald sie gelb werden, um Krankheiten vorzubeugen.

Genauere Informationen zum Beschneiden einzelner Gemüsearten finden Sie in den Pflanzenporträts ab Seite 140.

Halt für GROSSE FRÜCHTE

Kleine und mittelgroße Früchte wie Tomaten, Auberginen, Gurken oder Paprika brauchen normalerweise keinen zusätzlichen Halt. Für schwere Melonen und Kürbisse empfiehlt sich eine «Hängematte», die an der Stütze festgebunden wird. Dafür eignen sich alte Strumpfhosen oder T-Shirts, Reste von altem Gartenvlies oder gebrauchte Zwiebelnetze.

Im Sommer ist Mulch im Foliengewächshaus von Vorteil. Wenn es im Herbst allmählich kühler wird, entferne ich ihn aber, denn vor allem Stroh bietet der gefräßigen Schneckenpopulation willkommenen Unterschlupf.

MULCH

Eine Mulchschicht auf dem Boden kann die Erträge steigern, die Verdunstung von Bodenfeuchtigkeit hemmen, den Boden verbessern und den Krankheits- und Schädlingsbefall verringern. Im Nutzgarten wird meist biologisch abbaubarer Mulch wie Stroh, Rasenschnitt, zerkleinertes Laub oder Kompost eingesetzt. Mulchfolien kommen hauptsächlich im gewerblichen Gemüseanbau zum Einsatz.

Wichtig ist, den Mulch zur richtigen Zeit und in der richtigen Stärke zu verteilen. Organische Materialien kühlen den Boden. Verteilt man sie zu früh in der Saison, können sie vor allem in nördlichen Lagen die Erwärmung des Bodens verzögern. Mulchfolie dagegen beschleunigt die Erwärmung des Bodens, was in kühleren Regionen ein Vorteil sein kann.

Ich verteile Stroh im Foliengewächshaus, um weniger gießen zu müssen. Nackter Boden trocknet schnell aus, wenn es im Spätfrühjahr und Sommer im Gewächshaus 30 bis 35 °C warm wird. Eine 5 bis 8 cm dicke Strohschicht hemmt die Verdunstung von Bodenfeuchtigkeit. Organischer Mulch sollte erst im mittleren bis späten Frühjahr verteilt werden, wenn sich der Boden bereits erwärmt hat. Ich erledige das meist nach einem kräftigen Regen (oder im Gewächshaus nach gründlichem Gießen), damit der Mulch das Wasser im Boden hält. Mulch kann zwar verhindern, dass Unkrautsamen keimen, vorhandenes Unkraut sollte aber vor dem Verteilen entfernt werden.

Natürlich kann man Mulch auch mit kleineren Tunneln kombinieren. Er hält den Boden feucht, und die Abdeckung – Folie, Vlies oder Fliegengitter – schützt vor Frost, Insekten, Kaninchen oder Rehen.

Der Mulch sollte Pflanzenstiele und -blätter nicht berühren.

MULCHMATERIALIEN IM VERGLEICH

MULCHMATERIAL	VORTEILE	NACHTEILE	HINWEISE
zerkleinertes Laub	► Leicht zu beschaffen ► Keine Kosten ► Reichert den Boden mit organischer Substanz an ► Lockt Würmer an	► Manche Laubarten verrotten sehr langsam (z. B. Eiche). ► Walnussblätter enthalten Juglon, einen Stoff, der das Wachstum hemmt.	► Im Herbst sammeln und zerkleinern, in Säcken aufbewahren, im Frühjahr ausbringen. ► Auch Laubkompost eignet sich gut zum Mulchen. ► Laub von Rasenflächen mit Hundekot vermeiden.
Stroh	► Leicht zu beschaffen ► Geringe Kosten ► Reichert den Boden mit organischer Substanz an ► Hält Schädlinge fern, die Eier im Boden ablegen (Erdflöhe, Kürbismotte) ► Hält die ganze Saison ► Hält Früchte sauber (Gurken, Melonen)	► Ungespritztes Stroh ist schwieriger zu beschaffen ► Kann Unkrautsamen enthalten ► Bietet Schnecken Unterschlupf (vor allem bei kühleren Temperaturen im Frühjahr und Herbst)	► Möglichst nur ungespritztes, unkrautfreies Stroh verwenden
Rasenschnitt	► Leicht zu beschaffen ► Keine Kosten ► Reichert den Boden mit organischer Substanz an	► Zersetzt sich sehr schnell ► Kann Unkrautsamen enthalten	► Keinen Rasenschnitt von Flächen verwenden, die mit Herbiziden behandelt wurden
Mulchfolie	► Erwärmt den Boden (kann früher eingesetzt werden als andere Materialien) ► Unterdrückt Unkraut ► Hält den Boden feucht	► Wasserundurchlässig; darunter einen Tropfschlauch verlegen ► Kann den Boden überhitzen ► Sieht unattraktiv aus ► Mikroplastik kann in den Boden gelangen.	► Mit Klammern befestigen oder mit Steinen oder Ästen beschweren
Gewebe	► Kann zwischen Reihen verlegt werden, um Unkraut zu unterdrücken ► Wasserdurchlässig	► Teuer (für gewerblichen Anbau) ► Vertreibt Regenwürmer ► Sieht unattraktiv aus	
Zeitungspapier (zerkleinert)	► Leicht zu beschaffen ► Geringe Kosten ► Sinnvolles Recycling	► Nur schwarz-weiße Zeitung verwenden. Andere Druckfarben können Schwermetalle enthalten.	
Kompost	► Reichert den Boden mit organischer Substanz an ► Leicht herzustellen ► Zersetzt sich schnell	► Kompostierung dauert mehrere Monate ► Ausreichende Mengen zum Mulchen sind schwieriger herzustellen.	

MEHR ERTRAG MIT MULCHFOLIE

In Katalogen und Gartencentern sieht man neuerdings Mulchfolien in allen Regenbogenfarben. Aber sind diese Folien in Rot, Silber, Grün oder Weiß wirklich sinnvoll? Das kommt auf Ihre Ziele an. Meiner Erfahrung nach unterdrückt organischer Mulch wie Stroh oder zerkleinertes Laub den Unkrautwuchs ebenso gut wie Plastikfolie, und ich finde, dass Naturmaterialien im Garten besser passen.

Andererseits kann es sich in Regionen mit kurzer Saison lohnen, rote Folie unter Tomaten oder grüne unter Melonen zu legen. Je nach Gemüseart kann die Folie den Boden erwärmen, Unkraut unterdrücken oder die Reifung beschleunigen.

Gewerbliche Gemüseerzeuger legen in ihre großen Folientunnel oft Mulchfolie, um Erträge und Qualität zu steigern. Allerdings kann sich Folie – vor allem schwarze – im Sommer so stark erhitzen, dass sie den Pflanzen Stress verursacht. Um das zu vermeiden, wird unter Dach oft weiße Folie mit schwarzer Unterseite verwendet. Sie hält den Boden kühl, und die schwarze Seite unterdrückt Unkraut. Allerdings ist sie wasserundurchlässig, man muss also unter ihr eine Tropfbewässerung oder Tropfschläuche verlegen.

Rote Mulchfolie soll die Erträge von Tomaten verbessern.

Schwarz. Schwarze Mulchfolie bekommt man in jedem Gartencenter. Sie erwärmt den Boden und unterdrückt Unkraut und eignet sich durchaus für Gärten in kühlen Gegenden. Als Erdölprodukt ist sie nur schwer zu recyceln.

Weiß mit schwarzer Rückseite. Diese Folie wird im gewerblichen Anbau gern eingesetzt, weil sie Unkraut unterdrückt und den Boden kühl hält. Auch in warmen Gegenden wird sie geschätzt, weil die weiße Seite Licht reflektiert. Darum heizt sich der Boden nicht zu stark auf.

Rot. Rote Folie wird um Tomaten verlegt und soll den Ertrag um bis zu 20 % steigern. Sie reflektiert rote und infrarote Lichtwellen. Dadurch sollen Fotosynthese und Wachstum gefördert werden.

Silber. Silberfarbene Folie wird oft um Paprika und Auberginen gelegt, um Schädlinge wie Blattläuse, Flohkäfer und Thripse zu vertreiben. Studien zufolge kann sie die Erträge um bis zu 20 % steigern. Die Unterseite der Folie ist schwarz. Diese Folie kühlt den Boden und eignet sich darum vor allem für warmes Klima.

Transparent. Ich habe klare Folie schon genutzt, um im Frühling den Boden für Tomaten, Paprika, Melonen und Auberginen zu erwärmen. Sie wirkt besser als schwarze Folie, allerdings gedeiht unter ihr auch Unkraut gut.

Grün. Grüne Mulchfolie wird für wärmeliebende Melonen, Kürbisse und Gurken verwendet. Studien haben gezeigt, dass sie die Erträge steigern und die Reifung beschleunigen kann. Sie erwärmt den Boden und unterdrückt wirkungsvoll Unkraut.

PFLANZEN FÜR DEN WINTER

Wer im Winter ernten will, muss wissen, wie sich die Tageslänge auf das Pflanzenwachstum auswirkt. Die Tageslichtlänge verändert sich ständig. Im Herbst werden die Tage kürzer und dunkler, im Spätwinter allmählich wieder länger und heller. Auch der Breitengrad spielt eine Rolle. Je weiter im Norden man lebt, desto stärker sind die Unterschiede. In Schweden sind die Tage im Sommer sehr lang und im Winter sehr kurz. Wer seinen Breitengrad kennt, kann die Länge jedes Tages im Jahr berechnen.

Wenn die Tageslänge unter 10 Stunden sinkt, verlangsamt sich das Wachstum der meisten Pflanzen erheblich. Das ist für Frühjahrs- und Sommergemüse nicht so wichtig, aber wer im Winter ernten will, muss wissen, wann die Tageslänge die 10 Stunden unterschreitet. Herbst- und Wintergemüse sollten möglichst so gesät oder gepflanzt werden, dass sie zu 90 % ausgereift sind, bevor dieser Termin erreicht ist. Wenn sie im Gewächshaus oder Tunnel stehen, können sie danach – je nach Art und geografischer Lage – wochen- oder monatelang geerntet werden.

Pflanztermine für die Winterernte festlegen

Wie berechnet man nun die optimalen Pflanztermine? Dafür muss man nicht Mathematik studiert haben. Sie brauchen nur drei Informationen. 1) die Länge der regionalen Wachstumssaison; 2) den durchschnittlichen Termin des ersten Frosts und 3) die Kulturdauer der Gemüseart.

Ich erkläre hier die Berechnung am Beispiel der Möhrensorte 'Napoli'. Nach demselben Prinzip kann die Aussaat aller anderen Gemüsesorten für die Winterernte berechnet werden.

Im Winter decke ich das Möhrenbeet dick mit Stroh ab. So können wir unsere Lieblingssorte 'Napoli' mehrere Monate lang ernten.

MÖHREN 'NAPOLI' FÜR DIE HERBSTERNTE

- Länge der Wachstumssaison: 140 Tage
- Erster Frost (ca.): 10. Oktober
- Kulturdauer der Sorte 'Napoli': 58 Tage

140 Tage Wachstumssaison sind genug für die Möhrensorte 'Napoli' mit ihren 58 Tagen. Weil sich das Wachstum im Herbst verlangsamt, addiere ich eine Woche und komme auf eine Reifungszeit von 65 Tagen ab Aussaat.

Zählt man vom ersten Frost (10. Oktober) 65 Tage rückwärts, kommt man zum 6. August. An diesem Termin müssen also meine Möhren für die Ernte im Herbst und Winter gesät werden.

Undercover-KALENDER

Januar

- Bepflanzung von Beeten und Gewächshaus planen, dabei die Fruchtfolge berücksichtigen
- Saatgut bestellen
- Blatt- und Wurzelgemüse, Frühlingszwiebeln und Kräuter aus Gewächshaus, Tunneln und gemulchten Beeten ernten

Februar

- Ernten
- Bei gutem Wetter Gewächshaus aufräumen
- Gestell und Folie auf Winterschäden, Löcher, lose Schauben usw. kontrollieren
- Artischocken unter Wachstumslampen säen
- Freie Beete im Gewächshaus für die Aussaat vorbereiten
- Ende Februar kälteverträgliches Gemüse säen (Grünkohl, Rucola, Spinat, asiatisches Blattgemüse)

März

- Frühbeete, Tunnel und Gewächshaus lüften, wenn die Temperatur über 7 °C steigt
- Gemüse für kühle und kalte Saison in Gewächshaus und Frühbeeten vorziehen, bis die Winterbeete abgeerntet und aufbereitet sind
- Frühkartoffeln im Gewächshaus pflanzen
- Die meisten Gemüsearten, Kräuter und Blumen im Haus unter Wachstumslampen aussäen
- Jungpflanzen in Gewächshaus, Tunneln und Frühbeeten bei Bedarf bewässern
- Wenn es wärmer wird, Vlies oder Folie von Gewächshausbeeten abnehmen
- Schnecken im Gewächshaus absammeln

April

- Boden des Gewächshauses gründlich reinigen. In der Mitte Kübel oder Pflanzsäcke aufstellen.
- Möhren, Rote Bete, Blattgemüse, Rüben, Radieschen und Frühlingszwiebeln pflanzen
- Jungpflanzen von Brokkoli, Grünkohl und anderen Kohlarten in Gartenbeete setzen, Folientunnel darüber aufstellen
- Bei Bedarf lüften und bewässern
- Die letzten überwinterten Pastinaken ernten

Mai

- Anfang Mai Folie auf Tunneln in den offenen Gemüsebeeten durch Vlies ersetzen
- Tunnel über Kohlgewächsen mit Fliegengitter bedecken, damit Kohlweißlinge keine Eier darauf legen können
- Tomaten, Paprika, Gurken und anderes Gemüse für die warme Saison ins Gewächshaus pflanzen
- Vlies oder Folie griffbereit legen, solange noch Nachtfrost kommen kann
- Bei Bedarf lüften und bewässern
- Wurzel- und Blattgemüse direkt in offene Beete säen, Tunnel mit Vlies aufstellen, um die Keimung zu fördern (Vlies abnehmen, wenn die Sämlinge zu sehen sind)
- Sämlinge unter Schattiergewebe abhärten, bevor sie ins Beet gepflanzt werden
- Beete im Gewächshaus mit Stroh mulchen
- Tunnel mit Fliegengitter über dem Kartoffelbeet aufstellen, um Kartoffelkäfer fernzuhalten
- Ende Mai Folien abnehmen, aber Vlies noch griffbereit halten, falls es kalt wird

Juni

- Erneute Aussaat im Haus unter Wachstumslampen für Folge- und Herbststernte
- Vlies griffbereit halten, falls ein Kälteeinbruch droht
- Wenn die Frühbeete abgeerntet sind, Gründünger säen (z. B. Buchweizen), um den Boden zu verbessern
- An den Querstreben im Gewächshaus Schnüre für Tomaten, Gurken und andere kletternde Arten binden
- Regelmäßig Seitentriebe der Tomatenpflanzen ausgeizen
- Untere Blätter von Tomatenpflanzen entfernen, um Krautfäule vorzubeugen
- Salat schattieren, um die Samenbildung zu verzögern
- Auf Anzeichen von Krankheiten und Schädlingsbefall achten

Juli

- Fliegengitter von Kohlpflanzen abnehmen, wenn keine Kohlweißlinge mehr fliegen
- Tomaten, Gurken, Paprika und Auberginen regelmäßig an ihre Stützen oder Schnüre anbinden
- Vor allem im Gewächshaus auf Anzeichen von Mehltau an Gurken und Kürbissen achten (evtl. vorbeugend wöchentlich mit einer Milch-Wasser-Mischung spritzen)
- Reife Gurken und Tomaten im Gewächshaus ernten
- Frühkartoffeln im Gewächshaus ernten
- Buschig wachsende Gurken- und Zucchinisorten und Buschbohnen für die Septemberernte ins Gewächshaus säen/pflanzen
- Tomaten gleichmäßig bewässern, um Blütenendfäule vorzubeugen
- Auf Anzeichen von Krankheiten und Schädlingen achten
- Jungpflanzen nach dem Umpflanzen in den Garten bei Hitze und Trockenheit einige Tage schattieren, um den «Umzugsstress» zu verringern
- Gurken, Kürbisse und Melonen im Gewächshaus bei Bedarf von Hand bestäuben (gilt nicht für parthenokarpe Gurkensorten)
- Möhren für Herbst- und Winterernte in Beete, Frühbeete oder im Gewächshaus säen
- Ende Juli Jungpflanzen der Kohlfamilie für die Herbst- und Winterernte in den Garten umpflanzen

August

- Regelmäßig gießen und düngen
- Rote Bete und Rettich in Beete, Frühbeete und Gewächshaus säen
- Regelmäßig ernten
- Auf Anzeichen von Krankheiten und Schädlingen achten
- Pflanzen im Gewächshaus bei Bedarf von Hand bestäuben
- Untere Blätter von Tomaten- und Gurkenpflanzen in Garten und Gewächshaus entfernen
- Pflanzen regelmäßig an Stützen und Schnüre anbinden
- Salat, Mangold und Grünkohl im Haus unter Wachstumslampen vorziehen
- Sämlinge unter Schattiergewebe abhärten
- Folien und Vliese säubern, inspizieren und einlagern

September

- Vorgezogene Sämlinge in Frühbeete und Gewächshaus auspflanzen, im Beet unter Folientunneln
- Regelmäßig gießen und düngen
- Tomatenpflanzen in Garten und Gewächshaus entspitzen, damit die vorhandenen Früchte vor dem Frost reif werden
- Salat, Radieschen, Rüben und andere schnell wachsende Arten direkt in Gartenbeete, Frühbeete und im Gewächshaus säen
- Kräuter und Gemüsepflanzen, die im Gewächshaus überwintert werden sollen, ausgraben (Petersilie, Grünkohl, Thymian)

Oktober

- Weiterhin regelmäßig ernten
- Frühbeete und Gewächshausklappen schließen, wenn die Nachttemperaturen unter 13 °C sinken
- Abgeerntete Pflanzen aus Gartenbeeten, Frühbeeten und Tunneln entfernen
- Regelmäßig gießen, aber nicht mehr düngen
- Ende Oktober Spinat zum Überwintern in Frühbeete, im Gewächshaus oder Folientunnel säen. Geerntet wird er im folgenden März.

November

- Abgeerntete Gurken- und Tomatenpflanzen aus dem Gewächshaus entfernen
- Kübel und Pflanzsäcke reinigen und einlagern
- Schnüre von den Querstreben des Gewächshauses abnehmen
- Das Gewächshaus inspizieren. Es sollte vor Wintereinbruch in makellosem Zustand sein.
- Gemüse in Frühbeeten, Folientunneln und im Gewächshaus weiterhin bewässern
- Automatische Bewässerungsanlage entleeren und abschalten
- Drahtbögen im Gewächshaus aufstellen, um Salat und andere Gemüse bei Kälteeinbruch zusätzlich mit Vlies oder Folie zu schützen
- Ende November Wurzel- und Sprossgemüse im Garten (Möhren, Rote Bete, Knollensellerie, Lauch) mit einer dicken Mulchschicht bedecken

Dezember

- An milden Tagen Sonnenstunden im Gewächshaus genießen
- Gemüse nach Bedarf ernten
- Anfang bis Mitte Dezember das Gießen einstellen (wenn der Boden gefriert, brauchen die Pflanzen nur wenig Wasser)
- Drahtbögen mit Vlies oder Folie abdecken, an milden Tagen lüften

ÜBERWINTERNDES GEMÜSE MULCHEN

Eine einfache Methode, die Saison für Wurzel- und Sprossgemüse in den Herbst und Winter zu verlängern, ist das Mulchen. Behalten Sie die Temperatur im Herbst im Auge, denn der Mulch sollte verteilt werden, bevor der Boden gefriert. Anderenfalls wird das Ernten schwieriger.

Stroh oder geschreddertes Laub. Damit mulche ich hauptsächlich. Die Beete werden mindestens 30 cm dick mit dem Mulch bedeckt, dann wird ein altes Gartenvlies oder Bettlaken darüber ausgebreitet, um ihn an Ort und Stelle zu halten. Die Abdeckung mit Klammern oder

BLÄTTER ZERKLEINERN

Zum Mulchen muss Laub zerkleinert werden. Ganze Blätter verkleben leicht und lassen dann weder Licht noch Feuchtigkeit durch. Außerdem befindet sich zwischen zerkleinerten Blättern mehr Luft, sie bieten dem Wintergemüse also eine bessere Isolierung.

Am einfachsten ist es, im Herbst mit dem Rasenmäher über die Blätter zu fahren. Je nach Mäher landen sie im Fangkorb oder müssen noch zusammengeharkt werden. Ein Freund steckt die Blätter in eine große Tonne und zerhackt sie darin mit einem Kantentrimmer. Alternativ kann ein Laubsauger mit einer Häckselfunktion verwendet werden.

Die zerkleinerten Blätter am besten in Säcken aufbewahren, bis sie benötigt werden. Um meine Beete herum stehen im Herbst mehrere Dutzend solcher Säcke, damit ich bei Bedarf genug Mulchmaterial zur Hand habe.

GEMÜSE

das im Winter Mulch mag

- Möhren
- Rote Bete
- Winterrettich
- Pastinaken
- Knollensellerie
- Knollenziest
- Topinambur
- Lauch
- Kohlrabi
- Rot- und Weißkohl
- Meerrettich
- Petersilienwurzel
- Schwarzwurzel
- Haferwurzel
- Steckrübe

Ästen beschweren, damit sie bei Herbststürmen nicht wegwehen. Das Beet markiere ich mit einer 1,20–1,50 m langen Bambusstange, denn bei uns schneit es recht viel, und im Januar sind die Beete kaum zu unterscheiden. Hängt man an die Stange ein Schild, kann man sicher sein, das gewünschte Gemüse zu ernten.

Gärtner in sehr kalten Regionen können als zusätzliche Isolierung einen Folientunnel über dem gemulchten Beet aufstellen. Zum Ernten hebt man die Folie an einer Seite an, schiebt den Mulch beiseite und zieht das Gemüse heraus. Stroh und gehäckseltes Laub kann man auch in einem Frühbeet verteilen, in dem Wurzel- oder Sprossgemüse wie Lauch wächst.

Immergrüne Zweige. In milderen Gegenden kann es auch genügen, kälteverträgliches Gemüse wie Grünkohl oder Spinat mit einer Schicht immergrüner Zweige zu schützen. Kleine Grünkohlpflanzen deckt man im Herbst ab, bevor der Boden gefriert, um größere kann man die Zweige wie eine Festung aufrichten. Wenn die Temperatur im Frühjahr beständig über 4 °C liegt, kann der Mulch abgenommen werden. Jungpflanzen treiben dann oft neu aus.

Ein Frühbeet aus Polycarbonat isoliert nicht so gut wie ein Kasten aus Holz. Man kann aber ringsherum geschreddertes Laub oder Tannengrün aufschichten, um das Gemüse vor Frost zu schützen.

PFLEGEARBEITEN IM WINTER

Im Winter liegen meine Tunnel und Hochbeete meist unter einer Schneedecke. Es ist eine ruhige Zeit, aber einige Arbeiten fallen doch an, damit das Wintergemüse gesund bleibt.

Schnee abräumen. Frühbeete, Folientunnel und Gewächshäuser fangen im Winter wärmende Sonnenstrahlen ein. Das funktioniert aber nur, wenn sie nicht zugeschneit sind. Darum entferne ich nach jedem Schneefall die weiße Decke von allen Abdeckungen. Wenn die Schicht nur dünn ist oder aus leichtem Schnee besteht, genügt dafür ein weicher Besen. Dickere Schichten oder schwerer Schnee machen etwas mehr Mühe. Das Gewicht des Schnees sollte man nicht unterschätzen! Von Wänden und Dach begehbarer Gebäude lässt sich der Schnee meist abfegen. Dafür klopfe ich von innen mit einem Besenstiel gegen die Folie, damit der Schnee sich löst. Praktisch ist auch eine langstielige Bürste zum Autowaschen. Werkzeug mit scharfen Kanten ist ungeeignet. Es kann die Folie beschädigen und das Polycarbonat zerkratzen.

An milden Tagen lüften. Selbst bei uns im Norden gibt es gelegentlich milde Wintertage. Wenn die Temperatur einige Tage über den Gefrierpunkt steigt und es dabei noch sonnig

Folientunnel kann man im Fachhandel kaufen oder selbst bauen. Diese eignen sich gut, um Pflanzen im Frühjahr und Herbst zu schützen, können aber auch im Winter zum Einsatz kommen.

Im Herbst entdecke ich manchmal Mauselöcher im Gewächshaus. Wenn die Nager überhandnehmen, stelle ich Fallen auf.

Möhren und anderes Wurzelgemüse ernten, bevor die Tage wieder länger werden.

ist, öffne ich die Frühbeet-Deckel, die Enden der Folientunnel und ein Fenster im Foliengewächshaus. Oft stelle ich auch im Gewächshaus zusätzlich Folientunnel auf. Wenn die Innentemperatur unter dem Gefrierpunkt liegt, bleiben sie stehen. Steigt die Temperatur über den Gefrierpunkt, schiebe ich die Folie tagsüber hoch und am späten Nachmittag wieder herunter.

Schädlings-Patrouille. Ich finde es herrlich, dass es im Winter fast keine Schädlinge im Garten gibt. Aber eben leider nur fast keine: Schnecken und Rehe fressen meine Pflanzen nicht ab, aber gelegentlich machen sich Mäuse breit. Dagegen hilft, den Garten sauber zu halten und auch keine Lebensmittelreste im Gewächshaus zu lassen (wir verlegen das Abendessen manchmal ins Gewächshaus, und ich knabbere gern Kekse zu einer Tasse Tee). Glocken oder andere Abdeckungen können verhindern, dass Mäuse Jungpflanzen fressen, und wenn die Population zu groß wird, kann man Fallen aufstellen. Wenn es im Spätwinter wieder wärmer wird, sollten Sie auch auf andere Schädlinge wie Blattläuse oder Schnecken achten. Und falls Unkraut auftaucht: Auszupfen!

Ernten. Wenn das Frühjahr näher kommt und die Tage wieder länger werden, sollte das letzte Wurzelgemüse in Frühbeeten, Tunneln oder unter der Mulchschicht geerntet werden, bevor es neu austreibt. Dasselbe gilt für überwintertes Blattgemüse. Es wird bald beginnen, Blüten und Samen zu bilden, und dann leiden Geschmack und Qualität.

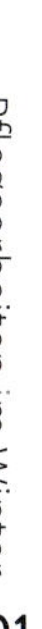

ÜBERWINTERN FÜR DAS FRÜHJAHR

Wer möglichst früh im Jahr ernten möchte, kann kälteverträgliches Gemüse wie Möhren, Pastinaken oder Spinat überwintern. Dadurch können wir sogar bei uns im Norden lange vor der eigentlichen Saison herrlich süßes Wurzelgemüse und zartes Blattgemüse ernten.

Der Aussaattermin hängt von der Gemüseart ab. Pastinaken haben eine lange Kulturdauer. Sie werden im zeitigen bis mittleren Frühjahr gesät und im folgenden Frühjahr geerntet. Im Spätherbst wird das Beet mit einer dicken Strohschicht gemulcht, unter der die Wurzeln den Winter überdauern. Von März bis Mai graben wir die Wurzeln dann aus, bevor sie auszutreiben beginnen. Möhren werden ebenso überwintert. Sie haben aber eine kürzere Kulturdauer und brauchen erst Anfang August gesät zu werden.

Wenn ich Platz in den Hochbeeten habe, überwintere ich auch Blattgemüse wie Grünkohl, Spinat, Mizuna, Tatsoi, Portulak, Feldsalat und Endivie. Die meisten kann man von Spätsommer bis Frühherbst direkt ins Beet säen. Im warmen Boden keimen sie schnell. Salatgemüse mulche ich nicht, sondern schütze es mit einem Folientunnel, den ich über dem Saatbeet aufstelle. Wenn die Tageslänge unter 10 Stunden sinkt, verlangsamt sich das Wachstum der kleinen Pflanzen. Etwa ab Februar werden die Tage wieder länger. Dann beginnen die Pflanzen zu wachsen, und die Ernte kann beginnen.

FRUCHTFOLGE ÜBER ZWEI UND MEHR JAHRE

Die Fruchtfolge ist ein Grundprinzip des biologischen Gartenbaus. Man versteht darunter, eine bestimmte Fläche von Jahr zu Jahr mit immer anderen Arten zu bepflanzen. Meist wird ein Dreijahresrhythmus empfohlen, und daran versuche ich mich in den Beeten im Freiland ebenso wie unter Dach zu halten.

Warum drei Jahre? Weil es mindestens so lange dauert, bis Krankheitserreger und Schädlinge so weit reduziert sind, dass sie keine Gefahr mehr darstellen. Erst dann sollte man anfällige Arten wieder an diesen Platz pflanzen. Die Fruchtfolge muss langfristig eingehalten werden, um den Boden und die Pflanzen gesund zu halten.

Fruchtfolge nach Familie oder essbaren Teilen?

Für die Fruchtfolge gibt es verschiedene Ansätze. Die bekanntesten orientieren sich an den Pflanzenfamilien oder den essbaren Teilen.

Essbare Teile. Bei diesem Ansatz unterscheidet man vier Gruppen: Blattgemüse, Fruchtgemüse, Wurzelgemüse und Hülsenfrüchte. Ein Problem besteht darin, dass manche Arten miteinander verwandt sind (z. B. Tomaten und Kartoffeln oder Rüben und Kohl), wir aber unterschiedliche Teile davon essen. Pflanzen, die zur gleichen Familie gehören, sind aber anfällig für dieselben bodenbewohnenden Krankheiten und Schädlinge. Wenn an Kartoffeln Krautfäule oder Verticillium-Welke auftrat und man anschließend Tomaten auf das Beet pflanzt, können sie von denselben Krankheiten befallen werden. Wer sich bei der Fruchtfolge an den essbaren Teilen orientiert, sollte darum auch Verwandtschaftsverhältnisse berücksichtigen.

Pflanzenfamilien. Hier bilden die Pflanzenfamilien die Grundlage der Fruchtfolge. Wenn ich beispielsweise im Gewächshaus Tomaten anpflanze, achte ich darauf, in den nächsten drei (oder mehr) Jahren dasselbe Beet nicht mit

FRUCHTFOLGE

JAHR 1

Tomaten und Gurken

- Tomaten
- Auberginen
- Paprika
- Gurken
- Melonen
- Kürbis
- Kartoffeln

JAHR 2

Wurzelgemüse

- Möhren
- Rote Bete
- Radieschen
- Rüben
- Zwiebeln

JAHR 3

Hülsenfrüchte Blattgemüse

- Bohnen
- Erbsen
- Salat
- Spinat
- Endivie
- Feldsalat

JAHR 4

Kohl

- Weiß-/Rotkohl
- Grünkohl
- Kohlrabi
- Brokkoli
- Blumenkohl
- Rosenkohl
- Rucola

verwandten Gemüsearten – Paprika, Auberginen, Kartoffeln – zu bepflanzen.

Verwandte Arten sind anfällig für dieselben Krankheiten und Schädlinge. Rotiert man sie gemeinsam, können solche Schadorganismen abgebaut werden, bevor die Pflanzen wieder auf eine bestimmte Fläche gesetzt werden.

Außerdem haben verwandte Pflanzen oft einen ähnlichen Nährstoffbedarf. Setzt man sie mehrmals nacheinander ins gleiche Beet, kann der Boden ausgelaugt werden. Dann leidet der Ertrag. Kohl beispielsweise verbraucht viel Stickstoff. Bepflanzt man dasselbe Beet anschließend mit Brokkoli, reicht der Stickstoffgehalt im Boden eventuell nicht aus und der Brokkoli bildet keine schönen Köpfe.

Gemüse, das nicht anfällig für bodenbürtige Krankheiten ist, bietet Spielraum in der Fruchtfolge. Es kann überall dort angebaut werden, wo Sie Platz im Garten oder unter Dach haben. Beispiele sind Salat, Spinat, Rote Bete, Endivie und Mangold sowie Kräuter wie Basilikum, Petersilie, Oregano und Thymian.

Fruchtfolge unter Dach

Unter Dach ist die Fruchtfolge schwieriger einzuhalten, weil der Platz begrenzt ist und oft eine geringere Zahl von Arten kultiviert wird. Dennoch sollte sie bei der Planung für Frühbeete, Tunnel und Gewächshäuser beachtet werden.

In begehbaren Gebäuden ist es hilfreich, die Fläche in separate Bereiche zu unterteilen, und sei es nur auf dem Papier. Mit drei oder vier Beeten ist die Fruchtfolge unkompliziert. Ist das Gewächshaus zu klein für mehrere Beete, könnte man Kübel oder Pflanzsäcke in die Fruchtfolge einbeziehen. So könnte man in einem Gewächshaus mit nur zwei Beeten Tomaten im ersten Jahr in Beet 1 pflanzen, im zweiten Jahr in Beet 2 und im dritten Jahr in Kübel.

HÜLSENFRÜCHTE? HER DAMIT!

Besonders empfehlenswert ist es, nach Starkzehrern wie Kohl das Beet mit Hülsenfrüchten wie Erbsen und Bohnen zu bepflanzen. Sie gehören zur Familie der Schmetterlingsblütler und tragen an ihren Wurzeln Knöllchenbakterien, die gasförmigen Stickstoff aus der Luft im Boden binden, sodass er den folgenden Pflanzen zur Verfügung steht.

Wenn man Erbsen oder Bohnen am Ende der Saison aus dem Boden zieht, sieht man an den Wurzeln diese Knöllchen. Um die «Düngewirkung» der Hülsenfrüchte voll auszuschöpfen, sollte man abgeerntete Pflanzen untergraben, sodass sie sich im Beet zersetzen.

BRAUCHT MAN IMPFMITTEL FÜR HÜLSENFRÜCHTE?

Im Fachhandel kann man Impfmittel für Hülsenfrüchte kaufen. Das Pulver wird entweder mit Wasser angerührt und vor der Aussaat mit den Samen gemischt oder auf die angefeuchteten Samen gestreut. Meiner Meinung nach kann man darauf gut verzichten. Ich baue seit Jahren Erbsen und Bohnen ohne zusätzliche Hilfsmittel an und kann über die Erträge nicht klagen. Allerdings kann das Impfmittel helfen, Stickstoff zu binden und den Pflanzen zur Verfügung zu stellen, sodass sie kräftiger wachsen. Das kann hilfreich sein, wenn man neue Beete anlegt oder wenn man Hülsenfrüchte in Kübeln oder unter Dach anbaut.

Überblick

PFLANZEN-FAMILIEN

KREUZBLÜTLER. Brokkoli, Rosenkohl, Kopfkohl, Blattkohl, Blumenkohl, Grünkohl, Kohlrabi, Senfkohl, Radieschen, Rüben

DOLDENBLÜTLER. Möhren, Sellerie, Fenchel, Petersilie, Pastinaken

GÄNSEFUSSGEWÄCHSE. Rote Bete, Mangold, Spinat, Melde

KÜRBISGEWÄCHSE. Gurken, Zucchini, Melonen, Kürbisse

SCHMETTERLINGSBLÜTLER. Bohnen, Erbsen, Sojabohnen

NACHTSCHATTENGEWÄCHSE. Auberginen, Paprika, Kartoffeln, Tomaten, Tomatillos

LAUCHGEWÄCHSE. Schnittlauch, Knoblauch, Lauch, Zwiebeln

GRÜNDÜNGER

Biobauern kennen den Wert von Gründünger, aber im privaten Garten wird er nur selten in die Fruchtfolge einbezogen. Dabei sind diese Pflanzen wahre Superstars, denn sie verbessern Qualität, Artenvielfalt und Struktur des Bodens. Außerdem hemmen sie Unkrautbewuchs und Bodenerosion, und das Saatgut kostet nicht viel.

Im Privatgarten ist der Zeitfaktor kritisch. Buchweizen ist ein beliebter Gründünger, der schnell und dicht wächst und insektenfreundliche Blüten trägt. Von der Aussaat bis zur Blüte braucht er nur 6 Wochen. Dann wird er abgemäht und untergegraben. Nach weiteren 3–4 Wochen sind die Pflanzen im Boden verrottet und das Beet kann neu bepflanzt werden. Das bedeutet, dass das Beet in einem Zeitraum von 9–10 Wochen nicht für andere Nutzpflanzen zur Verfügung steht.

Gründüngerpflanzen sind aber anpassungsfähig und lassen sich leicht in einen Fruchtfolgeplan einbeziehen. Da ich relativ viele Beete habe, ist es kein großes Problem, eines oder zwei für zwei Monate stillzulegen, zumal der Nutzen so groß ist.

Ich säe die kurzlebigen Pflanzen direkt ins Beet, grabe sie unter und lasse sie an Ort und Stelle verrotten. Dabei reichern sie den Boden mit organischer Substanz an. Meist wähle ich schnell wachsende Arten wie Buchweizen, einjähriges Weidelgras oder Luzerne. Im Winter setze ich auf Winterroggen, um den Boden aufzubauen und Erosion zu vermeiden.

Selbst in die Frühbeete säe ich Gründünger. Zwischen der Ernte im zeitigen Frühjahr und der Aussaat von Möhren für die Herbst- und Winterernte habe ich ein Zeitfenster von etwa 10 Wochen. Das genügt, damit Gründünger wachsen, untergegraben werden und verrotten kann.

Im Foliengewächshaus habe ich zwei lange Beete, in denen ich sogar auf kleinen Teilabschnitten von Zeit zu Zeit Gründünger säe, um den Boden unter Dach mit organischer Substanz und Nährstoffen zu versorgen.

Wenn etwa die Hälfte der Pflanzen blüht, schneide ich sie ab und grabe sie unter. Warten Sie nicht, bis die Pflanzen Samen bilden, sonst können sie sich wie Unkraut überall im Garten ansiedeln. Wenn die Pflanzen sehr hoch sind – manche werden bis 90 cm groß – sollte man sie vor dem Untergraben zerkleinern oder eine Motorhacke zum Einarbeiten in den Boden verwenden. Man kann sie auch auf dem Beet liegen lassen und als Mulch verwenden. Winter-Gründünger stirbt oft während der kalten Jahreszeit ab und wird im folgenden Frühjahr in den Boden eingearbeitet. Anschließend sollten Sie mit der Neubepflanzung einige Wochen warten, damit der Gründünger sich im Boden zersetzen kann.

DEN BODEN IM GEWÄCHSHAUS SPÜLEN

Der Einsatz von chemischen Flüssig- oder Granulatdüngern kann zu einer Anreicherung von Mineralsalzen im Boden führen und langfristig die Gesundheit und das Wachstum der Pflanzen sowie das Ökosystem des Bodens stören. Ein deutliches Anzeichen für Salzablagerungen ist eine weiße Kruste, die sich auf der Bodenoberfläche bildet.

Vermeiden Sie die Überdüngung mit synthetischen Produkten, oder entscheiden Sie sich für biologischen Anbau! In offenen Gartenbeeten hilft der Regen, anorganische Produkte aus dem Boden zu spülen. In Gewächshäusern werden chemische Rückstände mit einer regelmäßigen Tiefenbewässerung beseitigt.

GRÜNDÜNGER IM ÜBERBLICK

Pflanzenart	Aussaat/Kultur	Nutzen für den Boden	Einarbeitung	Wachstum	Hinweise
Luzerne	Frühjahr / Sommer	Bindet Stickstoff, lockert den Boden	Zur Blütezeit untergraben oder unterhacken	Schnell	Blüten locken Bestäuber an
Buchweizen	Frühjahr / Sommer	Lockert den Boden, verbessert die Verfügbarkeit von Phosphor	Eine Woche nach Beginn der Blüte mähen und untergraben, verrottet schnell	Schnell	Blüten locken Bestäuber an. Versamt sich, wenn zu spät gemäht wird.
Futtererbse	Frühjahr und Spätsommer	Bindet Stickstoff	Eine Woche nach Beginn der Blüte mähen und untergraben	Schnell	
Winterroggen	Spätsommer bis Herbst	Beugt Erosion im Winter vor	Im Frühjahr untergraben, wenn die Pflanzen 30 cm hoch sind	Mittel	
Einjähriges Weidelgras	Frühjahr bis Herbst	Tiefwurzler, lockert den Boden	Zu Beginn der Blüte mähen und unterarbeiten	Schnell	Samen keimen schnell
Rotklee	Frühjahr bis Herbst	Bindet Stickstoff	Zur Blütezeit untergraben, zersetzt sich innerhalb von 10 Tagen	Mittel-schnell	Lockt Bestäuber an

Gründünger untergraben, wenn etwa die Hälfte der Pflanzen blüht. Er darf keine Samen bilden, sonst breitet er sich unkontrolliert im Garten aus.

5

High- und Low-Tech-SYSTEME

Wir nutzen unter Dach verschiedene Systeme, damit die Pflanzen gesund bleiben, gute Erträge bringen und widerstandsfähig gegen Krankheiten und Schädlinge sind. Wir sorgen für Wärme, Lüftung, Schatten und Wasser. Temperatur, Luft- und Bodenfeuchtigkeit beeinflussen die Pflanzengesundheit und müssen darum gut überwacht und gesteuert werden, um den Pflanzen optimale Bedingungen zu bieten.

TEMPERATUR UND LUFTFEUCHTIGKEIT

Unter Dach geht es immer um das richtige Maß von Wärme und Kühlung, Lüftung und Luftfeuchtigkeit. Wir nutzen die Sonne, um Frühbeete, Tunnel und Glocken zu erwärmen. Wir rollen Folien hoch oder öffnen Fenster, um zu lüften und für Kühlung zu sorgen. Immer geht es darum, optimale Bedingungen für gesundes Pflanzenwachstum zu schaffen.

Ideale Lufttemperaturen für GESUNDE PFLANZEN

- **Bohnen:** 18–30 °C
- **Erbsen:** 15–24 °C
- **Salat:** 15–21 °C
- **Spinat:** 15–20 °C
- **Rote Bete:** 15–21 °C
- **Möhren:** 15–21 °C
- **Kohl:** 15–21 °C
- **Tomaten:** 20–27 °C
- **Paprika:** 21–24 °C
- **Gurken:** 21–24 °C
- **Kürbis:** 21–32 °C
- **Basilikum:** 24–27 °C

Temperatur und Wachstum

Um für die Pflanzen beste Bedingungen zu schaffen, ist es wichtig, die Temperatur zu verschiedenen Tages-, Monats- und Jahreszeiten im Blick zu behalten. Die Lufttemperatur beeinflusst Fotosynthese und Respiration der Pflanzen, also wie schnell sie aus Sonnenenergie Zuckerstoffe für ihr Wachstum produzieren und wie viel Wasserdampf durch die Poren in ihren Blättern verloren geht. Die Wachstumsrate von Gemüse hängt von der durchschnittlichen Tagestemperatur ab, und jede Pflanzenart hat eine Idealtemperatur, bei der sie am besten wächst.

Ich lege Thermometer in Frühbeete und Gewächshaus, um Temperaturschwankungen leicht überwachen zu können. Ab und zu schiebe ich sogar eines in einen Tunnel, um eine Vorstellung der Temperatur zu gewinnen. Das Display meines Gewächshausthermometers liegt in der Küche auf der Arbeitsfläche, und ich schaue im Lauf des Tages regelmäßig darauf, um Innen- und Außentemperatur zu vergleichen. Die Innentemperatur hängt nicht nur von der Außentemperatur ab, sondern auch von der Witterung. Sonne,

Wolken, Wind und andere Faktoren beeinflussen die Temperatur im Gewächshaus, aber auch Wassertonnen und ähnliche Elemente, die Sonnenwärme speichern. Wenn wir an sonnigen Frühlingstagen draußen 10 °C haben, kann es im Gewächshaus 24 °C warm werden. Und liegt die Außentemperatur im Sommer bei 27 °C, kann sie im Gewächshaus auf 35 °C steigen.

Luftfeuchtigkeit

Auch die Luftfeuchtigkeit – der Anteil von Wasserdampf in der Luft – ist ein wichtiger Faktor, und sie lässt sich im Gewächshaus nicht so leicht regulieren. Ist sie zu hoch, steigt die Gefahr für Pilzerkrankungen wie Grauschimmel oder Mehltau, und ist sie zu niedrig, wachsen die Pflanzen schlechter. Die Luftfeuchtigkeit hängt von der Lufttemperatur ab, denn warme Luft kann mehr Feuchtigkeit aufnehmen als kalte. Wenn sich die Luft im Gewächshaus erwärmt, nimmt sie Verdunstungsfeuchtigkeit von Pflanzen und Boden auf. Sinkt die Temperatur am Abend, gibt die Luft die überschüssige Feuchtigkeit wieder ab, sie schlägt sich als Kondenswasser auf Blättern, Scheiben, Folie und anderen Oberflächen nieder.

Auf Pflanzen unter Dach fällt kein Regen, darum kann der Boden vor allem an heißen Sommertagen schnell austrocknen. Es ist wichtig, die Feuchtigkeit genau im Blick zu behalten. Sie lernen dadurch, wie viel Wasser die Pflanzen brauchen, wie oft gegossen werden muss und wann der beste Zeitpunkt dafür ist.

BESSERE WÄRMESPEICHERUNG

Gewächshausglas, Polycarbonat oder Folie sind transparent und lassen viel Licht durch, isolieren aber nicht sonderlich gut. An sonnigen Tagen kann sich der Innenraum selbst im Winter leicht erwärmen. Wünschenswert ist, einen Teil dieser Wärme zu speichern, damit sie noch zur Verfügung steht, wenn die Temperatur am Abend und in der Nacht wieder sinkt. Das lässt sich durch eine Isolierung und durch speichernde Materialien oder Hilfsmittel bewerkstelligen.

Thermische Masse

Als Wärmespeicher kann jede thermische Masse fungieren, also jedes Material, das Sonnenenergie absorbieren, speichern und wieder abgeben kann. Es wärmt im Winter und kühlt im Sommer. Wie funktioniert das? Eine große thermische Masse, etwa ein Weg aus Natursteinen oder eine Wassertonne, absorbiert tagsüber Sonnenwärme und kühlt dadurch das Innere des Gewächshauses. Diese Wärme wird abends, wenn die Temperatur sinkt, wieder abgegeben.

Thermische Masse lässt sich in große und kleine Gartenbauten integrieren. In einem begehbaren Gebäude könnte der Bodenbelag oder das Material der Nordwand diese Funktion übernehmen. In einem Frühbeet oder Tunnel genügen schon einige Behälter mit Wasser.

Im Gewächshaus in den Lost Gardens of Heligan (Cornwall, England) dient der Backsteinboden als thermische Masse.

WASSER ODER STEINE?

Nicht alle Materialien speichern Wärme gleich gut. Die Speicherfähigkeit hängt beispielsweise von Faktoren wie der Dichte und der Wärmekapazität ab. Wasser und Steine werden in Gärten als thermische Masse geschätzt, sind aber nicht gleichwertig. Wasser nimmt mehr Wärme auf und absorbiert sie schneller, gibt sie aber auch schneller wieder ab als Stein. Neben Steinen und Wasser wirken auch Materialien wie Beton, Ziegel und sogar die Erde in Hochbeeten als thermische Masse.

Wärme speichern und Platz sparen

Im Garten möchte man der thermischen Masse natürlich nicht zu viel Pflanzfläche opfern. Beete in direkter Nähe zum Wärmespeicher sollten für empfindliche Pflanzen genutzt werden, denn dort ist es am wärmsten.

Wassertonnen an der Nordseite. Wer im Gewächshaus genug Platz hat, könnte an einem vollsonnigen Platz einige große Wassertonnen aufstellen, am besten schwarze, um die Wärmeabsorption zu verbessern. Denkbar wäre sogar, an der Nordseite mehrere Tonnen zu einer «Wasserwand» aufzustapeln und gut zu sichern, damit sie nicht umkippen können. Die Tonnen sollten nicht bis an den Rand gefüllt werden, weil sich Wasser ausdehnt, wenn es sich erwärmt.

Stein- oder Betonwände. In Walipinis und Erdgewächshäusern werden die Wände oft aus Natursteinen, Ziegeln oder Beton gebaut, um Sonnenwärme zu speichern.

Wärmespeicher im Boden. In begehbaren Konstruktionen ist es auch denkbar, den Wärmespeicher mittig im Boden einzusenken. Warme Luft sammelt sich unter der höchsten Stelle des Dachs. Von dort kann sie mit einem Lüfter in Rohre geleitet werden, die durch eine Senke mit Steinen oder anderem Material mit hoher Dichte verlaufen.

Wassertank. Eine weitere Möglichkeit besteht darin, Regenwasser vom Dach aufzufangen, wie es Cam und Andrea Farnell (Seite 72) tun, und in einen großen Wassertank zu leiten, der im Gewächshaus steht. Er wird zur Bewässerung genutzt und dient gleichzeitig als Wärmespeicher. Für ein Frühbeet oder einen Tunnel genügen auch größere (am besten schwarze) Kanister mit Wasser oder einige größere Steine.

Wege und Beetkanten. Platten aus Naturstein oder Beton, die als Wegbelag oder Beetkanten verwendet werden, können ebenfalls als Wärmespeicher in einem Gewächshaus dienen.

WÄRMESPEICHERUNG: STEIN UND WASSER IM VERGLEICH

Material	Kosten	Wärmeübertragung	Größe des Wärmespeichers	Unterhaltung
Steine	Gering bis mittel. Steine kosten wenig, der Bau einer Mauer kann Kosten verursachen.	Gut	Größerer Platzbedarf als Wasser	Minimal; Mikrobenwachstum auf den Steinen kann vorkommen
Wasser	Gering bis mittel; Wasser kostet wenig, für Behälter und Bau fallen Kosten an	Hervorragend; Verhältnis Wärmespeicherung : Volumen 4–5× besser als Stein	Klein bis mittel, auch für kleine Konstruktionen geeignet	Mittel; Leckagen und Korrosion können auftreten

Quelle: Purdue University

TIERE UND VERROTTUNGSWÄRME

Sonnenenergie ist nicht die einzige Wärmequelle. Auch Kleintiere wie Hühner oder Kaninchen können im Gewächshaus gehalten werden. Aquaponik-Systeme in Biosheltern fungieren ebenfalls als thermische Masse, und man könnte sogar einen Komposter ins Gewächshaus verlegen, um die Wärme zu nutzen, die bei der Verrottung organischer Substanz entsteht.

Isolierung

Um Wärme einzufangen und das Auskühlen von überdachten Konstruktionen zu verlangsamen, ist außerdem eine Isolierung sinnvoll. Frühbeete kann man isolieren, indem man an die Wände außen Strohballen oder Säcke mit Herbstlaub stellt. Möglich ist auch, Erde oder Mulch aufzuschütten. Bei eisigem Wetter kann man einfach eine alte Decke über den Deckel legen.

Bei Gewächshäusern und Kuppeln ist es notwendig, Fenster, Türen und Scheiben jährlich vor Winterbeginn auf sicheren, festen Sitz zu kontrollieren und Ritzen, durch die kalte Zugluft eindringen kann, sorgfältig zu verschließen. Kleine Gewächshäuser könnte man im Winter auch mit Luftblasenfolie abdecken, um die Isolierung zu verbessern.

DOPPELT WÄRMT BESSER

Eine gute Möglichkeit besteht darin, Gewächshäuser mit einer doppelschichtigen Folie abzudecken und den Zwischenraum mit Luft aufzublasen. Einer Studie der Washington State University zufolge kann diese zusätzliche Luftschicht den Wärmeverlust von Glas-Gewächshäusern um bis zu 40 % verringern.

Aufblasbare Folientunnel sieht man öfter im gewerblichen Anbau, aber es gibt sie auch für den privaten Garten. Ein ständig laufender Lüfter sorgt dafür, dass die 15–20 cm dicke Luftschicht stabil bleibt. Wichtig ist, dass der Lüfter Außenluft ansaugt. Wenn er feuchte Luft aus dem Innenraum ansaugt, bildet sich zwischen den Folienschichten Kondenswasser, das die Lichtdurchlässigkeit verringert.

Denken Sie auch daran, dass so ein Lüfter Geräusche verursacht. Wer in einem dicht besiedelten Gebiet wohnt, sollte bedenken, dass die Nachbarn vom ständigen Summen vielleicht nicht sonderlich begeistert sind.

Cam und Andrea bringen im Winter an der Nordseite ihrer Kuppel eine zusätzliche isolierende Abdeckung an, um den Wärmeverlust zu verringern.

MEHR WÄRME

in Gewächshaus, Tunnel und Frühbeet

- **Licht hereinlassen.** Verwenden Sie ein Abdeckmaterial mit guter Lichtdurchlässigkeit. Glas, einlagige Polyethylenfolie und einfaches Polycarbonat lassen etwa 90 % Licht durch, Doppelstegplatten und zweilagige Folie etwa 80 %.
- **Himmelsrichtung.** Frühbeete, Tunnel und Gewächshäuser in Ost-West-Richtung aufstellen, um im Winter das Licht optimal einzufangen.
- **Vlies.** Eine Schicht Vlies fungiert als warme Decke für Gemüse. Es ist schnell ausgebreitet und schützt vor Minusgraden.
- **Glocken.** Einfache Glocken aus großen, transparenten Plastikflaschen kann man bei Bedarf schnell über einzelne Pflanzen im Frühbeet, Tunnel oder Gewächshaus stülpen.
- **Windschutz.** In einem offenen Garten kann kalter Wind Probleme bereiten. Hecken, Bäume, Mauern oder Zäune können seine Kraft und Kühlwirkung verringern.

Zweifache Abdeckung

Es ist Jahre her, dass ich die ersten Versuche mit Abdeckungen unternommen habe, und ich weiß noch, wie erstaunt ich über die Wirksamkeit von einfachem Vlies war. Aber manchmal sind zwei Abdeckungen besser als eine. Vor allem im Winter schützt so eine Kombination das Gemüse besser vor Kälte.

Wenn man im Gewächshaus zusätzlich Folien- oder Vliestunnel aufstellt, wirkt es sich ähnlich aus, als ob man den Garten eine Klimazone weiter nach Süden verlegt. Mir ist es dadurch gelungen, auch im Winter eine größere Gemüsevielfalt anzubauen, darunter auch Sorten, die ohne diesen zweifachen Schutz bei uns nicht überleben würden.

Wer Schutzvorrichtungen kombiniert, sollte die Temperatur unbedingt mit einem Thermometer überwachen, denn unter dem doppelten Dach kann es vor allem im Frühjahr und Herbst an sonnigen Tagen schnell so warm werden, dass man eine Schicht abnehmen muss.

FRÜHBEETE

Ein Frühbeet kann fest in ein Gewächshaus oder eine Kuppel eingebaut werden, aber in diesem Fall finde ich leichte Modelle aus Polycarbonat praktischer, weil man sie bei Bedarf leicht umsetzen kann. Ein fest eingebautes Frühbeet sollte immer nach Süden ausgerichtet sein, um ein Maximum an Licht einzufangen. Wenn der Katen aus transparentem Polycarbonat besteht, ist die Ausrichtung weniger wichtig.

GLOCKEN

Glocken kann man im Frühling oder Herbst unter einem Tunnel mit Vlies oder Folie über einzelne Pflanzen stülpen. In größeren Bauten können sie im Frühling, Herbst und Winter eingesetzt werden. Ich verwende dafür normalerweise transparente Glocken, beispielsweise große Gläser oder abgeschnittene Plastikflaschen. Flaschen aus milchigem Plastik sind ebenfalls geeignet, müssen tagsüber aber abgenommen werden, damit

Manchmal sind zwei Abdeckungen besser als eine. Ich setze in meinem Gewächshaus im Frühjahr und Herbst Folientunnel und Glocken ein, aber auch im Herbst, wenn die Temperaturschwankungen sehr stark ausfallen können.

die Pflanzen genug Licht bekommen. Selbstverständlich kann man auch Glocken kaufen. Modelle mit Rippen, die mit Wasser gefüllt werden, isolieren besser als Glocken aus Glas oder Plastik, weil das Wasser tagsüber Wärme aufnimmt und nachts langsam wieder abgibt.

FOLIENTUNNEL

Diese Tunnel sind schnell aufgestellt und sehr vielseitig. Meist werden sie in Gewächshäusern oder Kuppeln eingesetzt, aber man kann sie auch über einem Frühbeet einsetzen. Wichtig ist, im Frühjahr und Herbst – und sogar an milden Wintertagen – regelmäßig zu lüften.

VLIES

Leichtes Vlies kann man bei einem Kälteeinbruch schnell über vorhandene Folientunnel hängen. Wenn die Sonne scheint und die Innentemperatur über 4 °C steigt, sollte es abgenommen werden, damit die Luft zirkulieren kann. Ich verwende Vlies nur als kurzzeitigen Schutz. Wenn es länger als 1–2 Tage auf den Pflanzen bleibt, kann es zu Wachstumsstörungen oder erhöhter Krankheitsanfälligkeit kommen. Bei direktem Kontakt mit den Blättern drohen Erfrierungsschäden. Um das zu vermeiden, breite ich das Vlies in meinem Gewächshaus auf Bögen aus stabilem Zaundraht aus.

Wir haben im Gewächshaus eine Lichterkette aufgehängt, weil wir es uns dort abends gern gemütlich machen. Leuchten können aber auch als zusätzliche Wärmequelle genutzt werden.

ZUSÄTZLICHE WÄRMEQUELLEN

Wenn im Gewächshaus ein abgesicherter Außen-Stromanschluss vorhanden ist, stehen weitere Möglichkeiten zur Beheizung zur Verfügung, um Gemüsepflanzen vor Frost zu schützen. Manche liefern genug Wärme, dass auch Wintergemüse die kälteste Zeit gut überstehen.

Heizkabel

Elektrische Heizkabel werden in Gewächshausbeeten oder Frühbeeten verlegt und erwärmen den Boden. Häufig werden sie während der Anzucht aus Samen verwendet, um die Keimung zu beschleunigen, sie eignen sich aber auch für größere Gemüsepflanzen. Ich verwende in meinen Frühbeeten keine Heizkabel, aber ich liebäugele damit, ein Beet im Gewächshaus damit auszustatten, um früher in der Saison Jungpflanzen aus Samen heranzuziehen. Dafür wäre die Kombination aus einem Heizkabel und einem isolierenden Vliestunnel ideal.

Länge und Leistung (Watt) des Heizkabels entscheiden über die Größe der beheizten Fläche. Manche Kabel sind mit einem Thermostaten ausgestattet, der sie erst bei einer voreingestellten Temperatur einschaltet. Bei Kälte sollten Gewächshaus oder Frühbeet geschlossen bleiben, damit die Wärme nicht entweicht. In einem größeren Gewächshaus empfiehlt es sich, den beheizten Bereich mit einem Folien- oder Vliestunnel abzudecken. Beheizte Beete trocknen schneller aus. Behalten Sie die Bodenfeuchtigkeit im Blick, und gießen Sie, wenn es notwendig ist.

HEIZKABEL VERLEGEN

Am besten verlegt man Heizkabel, bevor Erde in das Beet eingefüllt wird. Lesen Sie zuerst die Installationsanweisung des Herstellers. Meist wird empfohlen, das Kabel auf einer mindestens 5 cm dicken Sandschicht zu verlegen und mit weiteren 5 cm Sand zu bedecken. Das Kabel wird in Schlaufen mit Abständen von etwa 15 cm verlegt und darf sich nirgends berühren oder kreuzen. Dadurch würde es zu Überhitzung und Funktionsstörungen kommen. Auf der Sandschicht wird ein feinmaschiges Drahtgitter verlegt, damit das Kabel bei späteren Pflegearbeiten im Beet nicht beschädigt wird. Dann können 7–10 cm Pflanzsubstrat aufgefüllt werden. Notfalls können Heizkabel auch direkt im Substrat verlegt werden, dürfen aber nirgends über dessen Oberfläche liegen.

Es werde Licht

Selbst Lichterketten können in einem Frühbeet, Folientunnel oder kleinen Gewächshaus als Wärmequelle eingesetzt werden. Versuche an der Colorado State University ergaben, dass eine Lichterkette mit 25 mittelgroßen konventionellen Glühlampen die Temperatur in einem Frühbeet um 3–10 °C anheben kann. Die Lichter wurden von Sonnenuntergang bis Sonnenaufgang eingeschaltet, und das Frühbeet war 1,2 × 1,5 m groß.

Die Leuchten müssen für den Außenbereich geeignet sein und dürfen weder die Blätter der Pflanzen noch Wände oder Dach des Gewächshauses berühren. Zusätzlich müssen Lichterketten und Kabel regelmäßig auf Schäden kontrolliert und bei Bedarf ersetzt werden.

Große und kleine Gartenkonstruktionen müssen regelmäßig belüftet werden. Gute Luftzirkulation ist unerlässlich, um einen Hitzestau zu vermeiden. Sie verringert die Kondenswasserbildung, lässt Blätter schneller abtrocknen und beugt so der Ausbreitung von Krankheiten – vor allem Pilzbefall – vor.

LÜFTUNG

Eine Hauptfunktion von Gebäuden und Abdeckungen im Garten besteht darin, Wärme einzufangen und den Pflanzen ein vorteilhaftes Mikroklima zu bieten. Manchmal kann es aber im Frühling, Sommer und Herbst (und sogar bei Tauwetter im Winter) so warm werden, dass man lüften muss. Das gilt für alle Abdeckungen, auch Glocken und Vlies. Gute Luftzirkulation ist unerlässlich, und starke Temperaturschwankungen können den Pflanzen schaden.

Wenn es im Frühling unter dem Dach zu warm ist, bilden die Pflanzen weiche Triebe, die bei Abfallen der Temperatur besonders anfällig für Schäden sind. Kühlere Temperaturen bekommen ihnen besser: Dann sind sie abgehärtet und widerstandsfähiger. Auch gelegentlicher Wind lässt Pflanzen kräftiger werden. Gute Luftzirkulation verringert die Luftfeuchtigkeit und damit das Krankheitsrisiko, und die frische Luft versorgt die Pflanzen mit Kohlendioxid, das sie für die Fotosynthese und den guten Fruchtansatz benötigen.

Richtig lüften

Kleine Abdeckungen. Folien- und Vliestunnel öffnet man am besten an den Enden, bei Frühbeeten kann man den Deckel hochklappen. Ich halte die Enden meiner Tunnel mit Aktenklammern zusammen, die ich bei Bedarf schnell

Um Feuchtigkeitsprobleme zu vermeiden, regelmäßig lüften, für gute Luftzirkulation sorgen, nicht zu spät am Tag gießen und kein Wasser in Beeten oder auf Wegen stehen lassen.

abnehmen kann. Wenn es nicht windig ist, kann man auch einfach Vlies oder Folie an der Seite hochklappen. Frühbeete lassen sich problemlos mit Stangen, Ziegeln, Ästen oder Eimern offen halten. Man kann auch ein Brett mit eingesägten Kerben verwenden, um den Deckel in verschiedenen Positionen zu fixieren. Glocken werden bei mildem Wetter tagsüber abgenommen. Alternativ kann man kleinere Steine oder Holzstücke unter den Rand schieben, damit die Luft zirkulieren kann. Wenn Sie transparente Kanister umfunktioniert haben, schrauben Sie einfach den Deckel ab. Im Fachhandel gibt es auch Glocken mit Lüftungsventil zu kaufen.

Größere Bauten. Gewächshäuser und Kuppeln haben normalerweise Fenster, die man zum Lüften öffnen und arretieren kann. Bei Foliengewächshäusern werden Giebel oder Seiten aufgerollt, um das Innere zu lüften. Denken Sie beim Bau eines Foliengewächshauses daran, dass sich die Größe auf die Kühlung auswirkt. Konstruktionen, die breiter als 6 m und länger als 14 m sind, lassen sich ohne aufrollbare Seiten oder ein Ventilationssystem schlecht belüften. Für eine gute Luftzirkulation genügt es nicht, die Türen in beiden Giebelseiten zu öffnen.

Ein Ventilator kann die Luft im Gewächshaus in Bewegung halten. Manche Geräte brauchen

Cam und Andrea haben in ihrer Kuppel eine automatische Lüftungsanlage installiert.

einen Stromanschluss, andere laufen mit Solarbetrieb. Die Größe des Ventilators hängt von der Größe des Gewächshauses ab. Lassen Sie sich im Fachhandel beraten oder nutzen Sie einen Online-Rechner. Ich empfehle allerdings, vor dem Kauf andere Lüftungsmethoden auszuprobieren.

Manuell oder automatisch?

Wer nicht manuell lüften möchte, kann im Fachhandel verschiedene Lüftungsautomaten kaufen, die Deckel von Frühbeeten oder Fenster von Gewächshäusern selbsttätig öffnen. Viele enthalten einen Behälter mit einer speziellen Flüssigkeit, deren Volumen durch Temperatureinwirkung zu- oder abnimmt und so die Lüftungsklappen öffnet oder schließt.

Automatische Belüftungsanlagen sind nicht billig, aber sehr praktisch, wenn Sie beispielsweise tagsüber arbeiten und darum mittags nicht von Hand lüften können. Auf lange Sicht können solche Geräte Geld sparen. Es gibt bereits Modelle, die man mit einem Smartphone oder Laptop aus der Ferne steuern kann.

Im Zweifelsfall lüften

Ich plädiere dafür, lieber einmal öfter zu lüften. Wenn der Wetterbericht Außentemperaturen von mehr als 4 °C vorhersagt, stelle ich die Deckel der Frühbeete hoch, öffne die Enden der Tunnel und öffne Fenster und Tür des Gewächshauses. Und wenn die Sonne scheint und es wärmer als 8 °C ist, öffne ich die Frühbeete ganz und rolle die Seiten des Foliengewächshauses ein Stück hoch.

Andere Methoden der KÜHLUNG

SCHATTEN. Schattiergewebe ist eine preiswerte und einfache Möglichkeit, um Schutzkonstruktionen zu kühlen. Eine traditionelle Methode für Glasgewächshäuser ist Schattierfarbe (eine Mischung aus Wasser und weißer Wandfarbe), allerdings kostet das Auftragen Zeit und das Entfernen ist mühsam.

THERMISCHE MASSE. Zur Wärmegewinnung wird thermische Masse in der Sonne platziert. Zur Kühlung ist ein Schattenplatz sinnvoll, etwa neben Beeten mit hohen Pflanzen oder unter dem Pflanztisch. Sie nimmt tagsüber Wärme auf und kühlt so den Innenraum.

NASSE WEGE. Durch Gießen steigt die Luftfeuchtigkeit im Innenraum, wodurch die Pflanzen hohe Temperaturen besser verkraften können. Besprengen Sie die Wege im Gewächshaus mehrmals täglich mit kaltem Wasser, wenn Sie zuhause sind.

BEWÄSSERUNG

Pflanzen unter Dach bleiben bei Regen trocken, nur Schattiergewebe und Vlies sind wasserdurchlässig. Folientunnel und Frühbeete kann man bei mildem Wetter weit öffnen, damit der Regen die Pflanzen erreichen kann. In größeren geschlossenen Konstruktionen muss man beim Bewässern planvoll vorgehen.

Richtig gießen unter Dach

Pflanzen in Gewächshäusern und Kuppeln müssen bewässert werden. Kein Gärtner hat große Lust, täglich – oder bei Hitze sogar mehrmals täglich – zu gießen. Darum sollte man sich schon bei der Standortwahl für das Gewächshaus Gedanken über die Bewässerung machen. Wenn irgend möglich, sollte ein Wasserhahn in erreichbarer Nähe eingeplant werden.

Wie oft bewässert werden muss, hängt unter anderem von der Jahreszeit und dem Bodentyp ab. An heißen Sommertagen trocknet der Boden schneller aus als an bedeckten Tagen im Frühling. Und wenn die Tage am Ende der Saison kürzer werden, brauchen die Pflanzen weniger Wasser. Mit der Zeit werden Sie ein Gefühl für den Wasserbedarf Ihrer Pflanzen entwickeln. Hilfreich ist ein Thermometer, um die Temperatur im Blick zu behalten und einschätzen zu können, wie schnell das Wasser verdunstet.

Auch der Bodentyp muss berücksichtigt werden. Toniger Boden enthält viel organische Substanz und speichert Wasser länger als lockerer Sandboden. Wird toniger Boden zu stark bewässert, bilden sich auf der Oberfläche Pfützen.

Beim Gießen im Gewächshaus kommt es auf den richtigen Zeitpunkt, die richtige Methode und die richtige Wassermenge an. Wo kein Wasserhahn vorhanden ist, leistet eine Regentonne gute Dienste.

CLEVER GIESSEN!

Pflanzen bestehen zu 80–90 % aus Wasser. Das erklärt, warum sie nur bei guter Wasserversorgung gesund wachsen können. Bei unregelmäßigem Gießen leiden Pflanzen und neigen eher dazu, verfrüht Samen zu bilden oder anfällig für Krankheiten zu werden.

Der richtige Zeitpunkt. Früh am Tag gießen, damit die Blätter abtrocknen. Auf nassen Blättern siedeln sich leichter Krankheiten an.

Nicht erst gießen, wenn die Pflanzen welk werden. Warten Sie nicht, bis den Pflanzen der Durst anzusehen ist. Wasserstress kann sich negativ auf Gesundheit, Wachstum und Ertrag auswirken.

Nicht zu viel Wasser. Zu viel Wasser kann bewirken, dass die Blätter gelb oder welk werden (ja, Blätter welken bei Wassermangel und Wasserüberschuss) oder dass die Wurzeln faulen. Stecken Sie im Zweifelsfall einen Finger in den Boden. Wenn er sich noch feucht anfühlt, brauchen Sie nicht zu gießen. Wenn er in 5–7 cm Tiefe trocken ist, kommen Schlauch oder Kanne zum Einsatz.

Durchdringend wässern. Häufige, sparsame Wassergaben bewirken, dass die Pflanzen flach wurzeln.

Individuelle Bedürfnisse. Manche Pflanzen brauchen mehr Wasser als andere. Verwenden Sie für durstige Gemüsearten Tropfschläuche. Wenn Sie von Hand gießen, müssen diese Arten häufiger bewässert werden.

Mulchen. Mulch hemmt die Verdunstung von Bodenfeuchtigkeit. Am besten verwenden Sie organische Materialien wie Stroh, zerkleinerte Blätter, ungespritzten Rasenschnitt oder Laubkompost.

Das Wetter beachten

Erfahrene Gewächshausgärtner wissen, dass man jeden Tag beim Gießen aufmerksam sein muss. An bewölkten oder regnerischen Tagen verdunsten Pflanzen weniger Wasser, also muss weniger gegossen werden. An Regentagen gieße ich oft gar nicht, und wenn es notwendig ist, achte ich noch mehr als sonst darauf, die Blätter nicht zu benetzen, denn sie trocknen langsamer ab als bei Sonnenschein.

Regenwasser nutzen

Regenwasser hat gegenüber Leitungswasser einige Vorteile. Vor allem in Städten enthält das Leitungswasser oft Chemikalien, Salze und Mineralien wie Chlor oder Fluor, die den Pflanzen nicht gut bekommen. Leitungswasser ist meist kälter als Regenwasser. Das kann für Sämlinge und empfindliche Pflanzen belastend sein. Darum sollte man Leitungswasser möglichst in Behälter füllen und eine Weile stehen lassen, damit es sich erwärmt.

Regenwasser kann man nicht nur vom Wohnhaus oder Nebengebäuden wie Garage und Schuppen sammeln. Auch für Gewächshäuser gibt es Dachrinnensysteme zu kaufen. Am praktischsten ist es, wenn die Regentonnen in der Nähe von Gewächshaus, Frühbeeten oder Tunneln aufgestellt werden.

BEWÄSSERN MIT SYSTEM

Die Größe des Gartens und die Zeit, die Sie zum Gießen aufbringen können (oder wollen), beeinflusst die Bewässerungsmethode. Ein oder zwei Frühbeete kann man leicht mit der Kanne gießen. Für ein großes Gewächshaus ist eine automatische Bewässerungsanlage praktischer.

Kanne und Schlauch

Die meisten privaten Gärtner bewässern ihre Pflanzen von Hand, entweder mit einer Gießkanne oder mit einem Schlauch mit Brausevorsatz. Dabei kann man gleich das Wachstum und den Gesundheitszustand der Pflanzen kontrollieren. Andererseits kostet das Gießen von Hand eine Menge Zeit, vor allem, wenn es im Sommer öfter als einmal täglich notwendig ist.

Ich habe all meine Pflanzen jahrelang von Hand bewässert und festgestellt, dass ein Schlauch mit Gießstab recht praktisch ist. Mit dem Gießstab kann man das Wasser in den Wurzelbereich bringen, ohne die Blätter zu benetzen. Durstige Pflanzen bekommen eine Extraportion Wasser, und trockenheitsverträgliche erhalten weniger.

Es ist aber mühsam, einen Schlauch durch ein Gewächshaus zu ziehen. Er wird schmutzig, kann abknicken, Pflanzen zerdrücken oder – was ich noch schlimmer finde – unreife Tomaten oder Paprika von den Pflanzen reißen. Das geschieht nicht, wenn man den Schlauch unter dem Gewächshausdach an den Metallstreben aufhängt. Alternativ kann man einen Schlauchwagen verwenden, um die vielen Meter zu bändigen.

Zur gezielten Bewässerung einzelner Pflanzen ist die gute alte Gießkanne ideal. Meine Kannen sind ständig in Gebrauch und stehen gefüllt gleich neben der Tür des Gewächshauses oder neben den Frühbeeten.

Wer nicht von Hand gießen will, kann eine Bewässerungsanlage installieren. Ein Tropfschlauch bringt das Wasser direkt zu den Wurzeln. Sprinkler unter dem Gewächshausdach sind nicht empfehlenswert, weil sie die Blätter benetzen und so das Krankheitsrisiko erhöhen.

Tropfschläuche

Tropfschläuche sind praktisch zum Bewässern von Gewächshäusern, Kuppeln und langen Tunneln. Normalerweise bestehen sie aus recyceltem Gummi und haben auf ganzer Länge kleine Löcher, durch die Wassertropfen austreten. Sie werden direkt neben den Gemüsepflanzen auf dem Erdreich verlegt oder dünn mit Erde bedeckt. Weil das Wasser direkt aus dem Schlauch in den Boden eindringt, fließt nichts ungenutzt ab, und es geht weniger durch Verdunstung verloren. Außerdem bleiben die Blätter trocken, die Gefahr von Pilzbefall ist also geringer. Und weil der Boden zwischen den Reihen trocken bleibt, breitet sich weniger Unkraut aus.

TROPFSCHLÄUCHE VERLEGEN

Tropfschläuche kann man in verschiedenen Längen kaufen. Je länger der Schlauch, desto größer ist die Gefahr der ungleichmäßigen Bewässerung. Wenn der Wasserdruck nicht auf der ganzen Länge des Schlauchs gleichmäßig ist, sollten Sie lieber mehrere kürzere Schläuche statt eines langen verlegen. Das lässt sich mit einem Y-Ventil leicht bewerkstelligen. Wichtig ist auch, dass der Boden eben ist, denn wenn das Wasser bergauf fließen soll, kommt es zwangsläufig zu einem Druckabfall.

Verlegen Sie vom Wasserhahn bis zum Beet zunächst einen normalen Gartenschlauch. Drehen Sie das Wasser nicht voll auf, oder installieren Sie einen Druckminderer. Bei zu hohem Wasserdruck kann der Tropfschlauch reißen oder platzen. Falls Ihr Leitungswasser sehr hart ist, könnten Sie außerdem einen Kalkfilter installieren, um Ablagerungen im Schlauch zu vermeiden.

Versuchen Sie, mit dem Tropfschlauch möglichst viele Pflanzen zu versorgen. Dafür muss er in Schleifen verlegt und mit Klammern festgesteckt werden.

DIE DURCHFEUCHTUNG EINSCHÄTZEN

Achten Sie nach dem Verlegen darauf, wie lange es dauert, bis der Boden gründlich durchfeuchtet ist. Stechen Sie mit dem Spaten in den Boden, um festzustellen, wie tief das Wasser eingedrungen ist. So bekommen Sie ein Gefühl dafür, wie oft und wie lange bewässert werden muss. An heißen Sommertagen müssen Sie den Schlauch häufiger in Betrieb nehmen. Wer es sich leichter machen will, installiert einen Timer.

Ein Tropfschlauch bringt das Wasser direkt in den Wurzelbereich der Pflanzen. Er kann auf dem Boden verlegt, flach eingegraben oder mit Mulch bedeckt werden.

Bewässerung in der
KALTEN JAHRESZEIT

Vom mittleren Frühjahr bis zum Spätherbst ist das Gießen unproblematisch. Der Schlauch ist angeschlossen und ein paar gefüllte Gießkannen stehen immer bereit. Vom Spätherbst bis zum Vorfrühling ist die Bewässerung komplizierter. Warum? In Frostnächten kann das Wasser im Schlauch gefrieren, man muss ihn also nach jeder Benutzung vom Wasserhahn abnehmen und entleeren. Allerdings gieße ich im Winter nur sehr selten – es sei denn, wir haben im Februar Tauwetter und ich säe Gemüse in Frühbeeten oder in meinem Foliengewächshaus.

In der kalten, lichtarmen Jahreszeit wachsen die Pflanzen viel langsamer und brauchen darum weniger Wasser. Außerdem verdunstet bei kühlen Außentemperaturen weniger Wasser, der Boden trocknet also nicht so schnell aus. Falls Sie gießen müssen, tun Sie es unbedingt frühzeitig am Tag, damit die Blätter genug Zeit haben, vor Einbruch der Dunkelheit abzutrocknen.

Wie bewässert man nun in der kalten Jahreszeit? In begehbaren Bauten könnten Sie eine Wassertonne aufstellen, die gleichzeitig als Wärmespeicher dient. Tauchen Sie die Gießkanne ein, oder installieren Sie eine kleine Tauchpumpe, an die ein Schlauch angeschlossen ist. Natürlich können Sie auch den Gartenschlauch an den Wasserhahn anschließen. Wenn aber Frost vorhergesagt wird, müssen Sie ihn entleeren.

Denken Sie daran, dass Pflanzen nicht gern kalt duschen. Mit eiskaltem Wasser tun Sie Ihren Pflanzen (vor allem jungen Sämlingen) keinen Gefallen, sondern verursachen Stress. Darum bevorzuge ich im Winter Wasser aus Gießkannen, die eine Weile im Haus oder in der Sonne gestanden haben. Alternativ könnte man eine Tonne ins Gewächshaus stellen und mit dem Schlauch füllen. Dann kann die Sonne das Wasser erwärmen, bevor es zum Gießen verwendet wird. Ich kenne sogar einen Gärtner, der im Winter eine Aquariumheizung in seine Wassertonne hängt.

Wenn es in Ihrer Region häufig schneit, können Sie im Spätwinter auch Schnee direkt in leere Tunnel, Frühbeete oder Gewächshausbeete schaufeln. Wenn er schmilzt, durchdringt das Wasser den Boden. Um diese Jahreszeit verteile ich auch gern Kompost oder abgelagerten Stallmist auf den Beeten, um sie für die Pflanzung vorzubereiten.

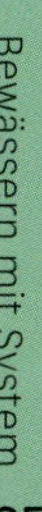

Sprinkler

Eine Sprinkleranlage unter dem Gewächshausdach benetzt alles, was sich in ihrer Reichweite befindet: Blätter, Blüten, Früchte und den Boden. Ich halte von dieser Methode nicht sonderlich viel, weil sie die Ausbreitung von Krankheiten begünstigt. Außerdem ist die Verdunstung höher als beim gezielten Bewässern mit Kanne, Schlauch oder Tropfschläuchen, sie verbrauchen also mehr Wasser. Und schließlich bekommen alle Pflanzen gleich viel Wasser, was bei einer gemischten Bepflanzung nicht ideal ist. Sämlinge und Jungpflanzen brauchen weniger Wasser als Pflanzen, die ausgereift sind oder gerade Blüten und Früchte bilden. Diesen unterschiedlichen Bedürfnissen wird eine Sprinkleranlage nicht gerecht.

Trotzdem sieht man Sprinkleranlagen häufig in gewerblich genutzten Gewächshäusern, und man kann sie auch für kleinere Gewächshäuser für den privaten Garten kaufen. Wer sich für eine solche Anlage entscheidet, sollte sie frühmorgens einschalten, damit möglichst wenig Wasser ungenutzt verdunstet und die Pflanzen bis zum Abend abtrocknen können.

Ein Timer sorgt dafür, dass die Pflanzen auch bei Abwesenheit zuverlässig bewässert werden.

Automatische Bewässerung

Wenn Ihnen die Bewässerung zu mühsam ist oder Sie über längere Zeit nicht zuhause sind, empfiehlt sich die Installation einer automatischen Bewässerungsanlage. Die meisten Systeme werden an einen Wasserhahn angeschlossen und sind mit einer Zeitschaltuhr mit Batteriebetrieb ausgestattet. Manche Bewässerungssysteme kann man auch an große Regenwasser-Sammeltanks oder Tonnen anschließen, die im Gewächshaus oder außerhalb, jedoch möglichst in der Nähe, stehen können. Die Bewässerung aus Tanks oder Tonnen beruht auf der Schwerkraft, darum müssen die Sammelbehälter auf einer mindestens 50 cm hohen Plattform aus Holz oder Gasbetonsteinen stehen, je nach Grundstücksgegebenheiten auch höher. Passende Schlauchanschlüsse für Tonnen sind im Fachhandel erhältlich. Eine praktische Alternative ist eine Tauchpumpe (vorzugsweise mit Solarbetrieb), die in den Wasserbehälter gehängt wird.

Wasser und Dünger

Wenn Sie ein Düngergranulat auf dem Boden um die Pflanzen verteilen, kann es durch das Gießwasser weggeschwemmt werden. Um das zu vermeiden, sollten Sie den Dünger leicht in die Erdoberfläche um die Pflanzen herum einarbeiten oder die Pflanzen im Lauf der Saison mit Flüssigdünger versorgen.

BEWÄSSERUNG IM URLAUB

Wenn Sie mehrere Tage oder Wochen verreisen, müssen Ihre Pflanzen trotzdem regelmäßig bewässert werden. Sie könnten Freunde um Hilfe bitten oder ein System für die Bewässerung (und Lüftung?) installieren, das Sie per Smartphone von überall bedienen können. Es geht aber auch ohne digitale Technik. Hier finden Sie Tipps für die Wasserversorgung Ihrer Nutzpflanzen:

- Kurz vor der Abreise alle Pflanzen durchdringend gießen.
- Nutzen Sie große Plastikflaschen als Wasserreservoir. Löcher in den Deckel stechen, dann die Flasche mit Wasser füllen und kopfüber in der Nähe der Pflanze in den Boden stecken. Das Wasser rinnt sehr langsam ins Beet, der Vorrat reicht für mehrere Tage.
- Auf dem Boden eine 2,5 cm dicke Schicht Rasenschnitt oder eine dickere Schicht Stroh oder Laubkompost verteilen.
- Über Gartenbeeten und Frühbeeten könnten Sie Bögen aufstellen und Schattiergewebe darüber ausbreiten, um die Verdunstung von Bodenfeuchtigkeit zu verringern.

6

KRANKHEITEN, SCHÄDLINGE und SCHLECHTE BESTÄUBUNG vermeiden

Ich gebe mir zwar Mühe, in meinem Garten optimale Wachstumsbedingungen zu schaffen, aber nicht immer läuft alles nach Plan. Mal machen sich Schnecken über den Salat her, mal sind die Gurken von Mehltau befallen. Bekämpfen Sie Schädlinge sinnvoll, aber denken Sie auch daran, Nützlinge in den Garten einzuladen, damit die Pflanzen bestäubt werden.

KRANKHEITEN UND SCHÄDLINGE

Frühbeete, Tunnel und Gewächshäuser schützen Pflanzen zwar vor den Widrigkeiten des Wetters, aber nicht vor Krankheiten und Schädlingen. Krankheitserreger können mit infizierten Samen oder Pflanzen, mit Substrat oder Werkzeug, durch Insekten und Wind eingeschleppt werden. Schädlinge können beim Lüften eindringen, durch kleine Ritzen an Fenstern und Türen kriechen oder mit Sämlingen und Jungpflanzen eingeschleppt werden. Es gibt aber Möglichkeiten, Schäden vorzubeugen oder sie zu minimieren.

Gartenhygiene. Abgestorbene Blätter sofort abschneiden und Pflanzenabfälle beseitigen. Im Gewächshaus schneide ich im Sommer regelmäßig die beschädigten Blätter von Gurken, Tomaten, Paprika und Melonen ab. Es sind meist die unteren Blätter. Sie können die Ausbreitung von Krankheiten wie Grauschimmel begünstigen oder Schnecken und anderen Schädlingen Unterschlupf bieten.

Nichts einschleppen. Um keine Schädlinge oder Krankheiten aus dem Garten einzuschleppen, könnten Sie an der Gewächshaustür ein Paar Gartenclogs aufstellen, die Sie nur drinnen tragen. Sinnvoll ist auch ein Satz Werkzeug, der nur im Gewächshaus benutzt wird.

Lüften. Tunnel, Frühbeete und Gewächshäuser müssen regelmäßig gelüftet werden, damit die Pflanzen gesund bleiben. Beim Lüften sinken Innentemperatur und Luftfeuchtigkeit, und die Luftzirkulation wird verbessert. Krankheiten wird vorbeugt, weil die Blätter schneller abtrocknen.

Genau hinsehen. Halten Sie beim Säen, Umpflanzen, Gießen und Jäten – eigentlich bei allen Tätigkeiten – die Augen nach Auffälligkeiten offen. Achten Sie auf junge Triebe, Blattober- und -unterseiten, Stiele, Blüten und Früchte. Je früher man Probleme erkennt, desto besser lassen sie sich beheben.

Richtig gießen. Gießen Sie zur richtigen Tageszeit, nicht zu viel und nicht zu wenig, auf den Boden (nicht auf die Pflanzen). Weitere Informationen dazu auf Seite 123.

Wenn ich die Seiten meines Foliengewächshaus aufrolle, können Bestäuber hereinfliegen. Ich säe auch Blumen, um Nützlinge anzulocken, die mir bei der Schädlingsbekämpfung helfen.

PFLANZEN-KRANKHEITEN

Im folgenden Abschnitt geht es um typische Krankheiten an Gemüsepflanzen. Manchmal können Erreger vom Wind in den Garten getragen werden, meistens lassen sich Krankheiten aber durch eine konsequente Fruchtfolge, gute Gartenhygiene und eine möglichst große Pflanzenvielfalt in Grenzen halten. Allerdings entsteht gerade unter Abdeckungen aller Art ein feuchtwarmes Klima, das nicht nur Pflanzen lieben, sondern das auch die Ausbreitung von Krankheiten begünstigen kann.

Ich bewässere meine Pflanzen am liebsten von Hand, weil ich dabei die Gelegenheit habe, sie in Augenschein zu nehmen und eventuelle Probleme frühzeitig zu entdecken. Man sollte aber wissen, mit welcher Krankheit man es zu tun hat, um sie erfolgreich zu bekämpfen und einem erneuten Auftreten vorzubeugen.

Mehltau

WAS IST DAS? Mehltau ist ein Sammelbegriff für mehrere Pilzkrankheiten mit ähnlichem Schadbild. Ein typisches Anzeichen ist ein grauweißlicher, pulveriger Belag auf Blättern, Knospen, Blüten und Früchten.

MEHLTAU

WAS GESCHIEHT? Mehltau tötet Pflanzen selten ab, sieht aber hässlich aus und beeinträchtigt die Fotosynthese. Erkrankte Blätter werden gelb und fallen ab, dadurch wird die Pflanze geschwächt. Je nach Pflanzenart und Wachstumsstadium kann Mehltau auch die Früchte befallen und den Ertrag mindern.

GEGENMASSNAHMEN: Mehltau tritt vor allem bei feuchter Witterung auf und kann durch schlechte Luftzirkulation begünstigt werden. Sämlinge mit ausreichenden Abständen pflanzen und regelmäßig lüften, um die Luftzirkulation zu verbessern. Anfällige Pflanzen wie Kürbisse und Gurken besonders aufmerksam beobachten. Nicht von oben gießen, weil sich die Sporen auch durch Spritzwasser verbreiten können. Zur Vorbeugung und Bekämpfung von Mehltau stehen organische Spritzmittel zur Verfügung, die oft Schwefel enthalten. Man kann auch selbst Spritzmittel mit Backpulver oder Milch anrühren. Ich experimentiere seit einigen Jahren mit eine Milchmischung und bin überrascht, wie wirksam sie ist. Ich fülle Milch und Wasser im Verhältnis 1:2 in eine saubere Zerstäuberflasche und besprühe damit wöchentlich die Ober- und Unterseiten der Blätter von Gurken und Kürbissen.

Botrytis (Grauschimmel)

WAS IST DAS? Dieser Schimmelpilz kann viele Gemüsepflanzen befallen. Feucht-kühle Witterung und schlechte Luftzirkulation unter Abdeckungen begünstigen seine Ausbreitung.

WAS GESCHIEHT? Diese Pilzkrankheit kann Blätter, Triebe, Blüten und Früchte befallen. Sie äußert sich durch graubraune Fäulnisflecken, auf denen sich bald flaumiger Schimmel bildet. Widerlich! Bei mir tritt Botrytis hauptsächlich an Erdbeeren in Kübeln auf, wenn die Witterung kühl und die Luftfeuchtigkeit hoch ist.

BOTRYTIS

BLÜTENENDFÄULE

GEGENMASSNAHMEN: Sehr wichtig ist, keine Gartenabfälle liegen zu lassen und reife Früchte sofort zu ernten. Vor allem bei feucht-kühler Witterung sollten Sie alle Lüftungsmöglichkeiten nutzen (Fenster oder Deckel öffnen, Folien hochrollen), um für bestmögliche Luftzirkulation zu sorgen. Gartenscheren regelmäßig säubern, denn durch sie kann die Krankheit übertragen werden. Das ist besonders wichtig vor dem Rückschnitt von Tomaten und anderen anfälligen Pflanzen.

Nicht zu viel düngen. Düngergaben sollen dazu dienen, ein kräftiges, gesundes, ausgewogenes Wachstum zu fördern. Überdüngte Pflanzen bilden viel Blattwerk, das aber sehr weich ist – und damit besonders anfällig für Krankheiten. Auch Schadinsekten machen sich auf weichem Grün besonders gern breit.

Blütenendfäule

WAS IST DAS? Es ist schrecklich, wenn man seine Tomaten und Paprika wochenlang pflegt, um dann kurz vor der Reife der Früchte auf ihrer Unterseite ledrige, braune Flecken zu entdecken. Dabei handelt es sich nicht um eine Pflanzenkrankheit, sondern um eine Störung, die durch unausgewogene Kalziumversorgung hervorgerufen wird. Die Kalziumaufnahme wird durch verschiedene Faktoren beeinflusst, darunter starke Schwankungen der Bodenfeuchtigkeit oder ein zu niedriger pH-Wert.

WAS GESCHIEHT? Am Blütenende bilden sich eingesunkene, braune Flecken, die sich ausbreiten und die Hälfte der Oberfläche einnehmen können. Befallene Früchte sehen unansehnlich aus, sind aber essbar, wenn sie ausgereift sind. Die faule Stelle wegschneiden.

GEGENMASSNAHMEN: Vorbeugung ist einfacher als Bekämpfung. Die Blütenendfäule tritt besonders oft bei Tomaten in Kübeln auf, die unregelmäßig bewässert werden und dadurch nicht genug Kalzium aufnehmen. Warten Sie nie mit dem Gießen, bis die Blätter welk aussehen. Gerade für Tomatenpflanzen können Tropfschläuche oder eine Tropfbewässerung sinnvoll sein.

Wenn Blütenendfäule an den ersten Früchten von Rispentomaten auftritt, kann man die Krankheit oft noch eindämmen. Gießen Sie gleichmäßig und mulchen Sie die Pflanzen mit Kompost oder Stroh. Falls nötig, den Boden kalken oder zerdrückte Eierschalen unterarbeiten, um den Kalkgehalt zu erhöhen.

Kraut- und Knollenfäule

WAS IST DAS? In Irland kam es durch diese Krankheit im 19. Jahrhundert zu einer Hungersnot. Sie verwandelt Tomaten- und Kartoffelpflanzen quasi über Nacht in einen Haufen wässriger, brauner Blätter.

WAS GESCHIEHT? Der Erreger kann kilometerweit vom Wind verbreitet werden. Erste Anzeichen sind bräunliche Läsionen an Stängeln und Blättern. Unter idealen Bedingungen breitet sich die Krankheit schnell aus, und auf den Läsionen entwickelt sich ein weißer Flaum. Kurz darauf sterben die Pflanzen ab.

GEGENMASSNAHMEN: Die Kraut- und Knollenfäule tritt vor allem bei hoher Luftfeuchtigkeit und Temperaturen zwischen 15 und 26 °C auf. Bei ersten Anzeichen befallene Pflanzen sofort und vollständig entfernen, also auch Knollen im Boden. Erkrankte Pflanzenteile keinesfalls kompostieren! Die beste Vorbeugung ist der Anbau resistenter Sorten.

KRAUT- UND KNOLLENFÄULE

Tomaten-Braunfäule

WAS IST DAS? Diese Pilzkrankheit tritt in meiner Region fast jährlich an Tomaten auf. Ich habe aber festgestellt, dass sich der Befall durch gute Gartenhygiene eindämmen oder ganz vermeiden lässt.

WAS GESCHIEHT? Die Braunfäule äußert sich zuerst durch gelblich-braune Flecken auf den Oberseiten von Tomatenblättern. Sie können bis 2,5 cm groß werden und sehen aus wie eine Zielscheibe mit konzentrischen Kreisen. Der Pilz tritt zuerst an den unteren Blättern auf und wandert dann an der Pflanze aufwärts. Er kann auch Stiele und Früchte befallen.

GEGENMASSNAHMEN: Die Krankheit lässt sich am besten durch Vorbeugung vermeiden. Dazu gehört auch eine konsequente Fruchtfolge über drei oder vier Jahre. Wenn ich im späten Frühjahr Sämlinge in den Garten oder ins Gewächshaus pflanze, bedecke ich den Boden sofort mit einer Mulchschicht aus Stroh oder zerkleinertem Laub. Wenn die Pflanzen größer werden, schneide ich die unteren Blätter ab, damit Pilzsporen aus dem Boden die Pflanzen schlechter erreichen können. Beim Gießen versuche ich, die Blätter nicht zu benetzen. Es gibt Tomatensorten, die gegen die Braunfäule resistent sind.

Samtfleckenkrankheit

WAS IST DAS? Diese Krankheit tritt bei hoher Luftfeuchtigkeit auf (über 85 %) und befällt hauptsächlich Tomaten im Gewächshaus.

WAS GESCHIEHT? Die Pflanzen werden geschwächt, sterben aber nicht ab. Die Ernte kann geringer ausfallen. Erste Anzeichen sind hellgelbe Verfärbungen der unteren Blätter, die man leicht für ein Symptom von Nährstoffmangel halten kann. Bald bilden sich aber auf Ober- und Unterseiten der Blätter bräunliche, filzig aussehende Flecken.

GEGENMASSNAHMEN: Am sinnvollsten ist es, resistente Sorten zu pflanzen. Außerdem sollten die Pflanzen in ausreichend großen Abständen stehen und regelmäßig ausgegeizt werden, damit die Luft gut zirkulieren kann. Gewächshäuser oder Tunnel regelmäßig lüften und niemals befallene Pflanzenabfälle auf dem Boden liegen lassen. Die Pilzsporen können im Boden ein Jahr oder länger überleben, darum ist es wichtig, die Fruchtfolge konsequent einzuhalten.

NACKTSCHNECKEN

BLATTLÄUSE

WEISSE FLIEGEN

SCHÄDLINGE

Schädlinge bereiten unter Abdeckungen aller Art am wenigsten Probleme, wenn die Pflanzen gesund sind und das Ökosystem ausgewogen ist. Pflanzen wachsen gesund, wenn sie reichlich Licht, Wasser und Nährstoffe bekommen und weder zu warm noch zu kalt stehen. Gesunde Pflanzen werden seltener von Schädlingen befallen, und falls doch, können sie dem Befall besser standhalten.

Um für ein ausgewogenes Ökosystem zu sorgen, pflanze ich in Gewächshaus, Tunnel und Frühbeete – wie in den übrigen Garten – viele verschiedene Gemüsearten, Kräuter und Blumen. Pflanzenabfälle beseitige ich sofort, und ich lüfte häufig, damit die Luft in Bewegung bleibt und Nützlinge Zugang zu den Pflanzen haben.

Wichtig ist außerdem, beim Kauf von Pflanzen sehr genau hinzuschauen, ob sich daran vielleicht Schädlinge verstecken. Wenn sie einmal in den Garten eingeschleppt sind, ist es oft schwierig, sie wieder loszuwerden.

Schnecken

WAS IST DAS? Schnecken sind sehr verbreitet. Sie können junge Sämlinge und ältere Pflanzen in kurzer Zeit abfressen. Wo sie kriechen, hinterlassen sie eine schimmernde Schleimspur.

WAS RICHTEN SIE AN? In meinem Garten treten Schnecken vor allem im Frühling und Herbst auf, wenn die Witterung feucht und kühl ist. Tagsüber verstecken sie sich unter Blättern, Steinen oder Unrat, nachts oder an kühlen, bewölkten Tagen kommen sie heraus und fressen. Wenn es in Frühbeeten, Tunneln und Gewächshaus wärmer wird, verschwinden sie für eine Weile.

GEGENMASSNAHMEN: Am besten von Hand absammeln und in einen Eimer mit Seifenwasser werfen. Ich habe inzwischen Übung und finde sie sehr schnell. Meistens gehe ich frühmorgens in den Garten, wenn es noch kühl und feucht ist, denn dann sind besonders viele Schnecken unterwegs. Ich sammle sie mit Handschuhen vom Boden und von den Blättern. Auch Schneckengelege, die wie Haufen aus kleinen weißlichen Kügelchen aussehen, beseitige ich dabei. Um besonders anfällige Sämlinge wie Bohnen oder Gurken streue ich etwas Kieselgur auf den Boden.

Blattläuse

WAS IST DAS? Bei diesen verbreiteten Schädlingen handelt es sich um weiche Insekten, die Pflanzensaft saugen.

WAS RICHTEN SIE AN? Blattläuse sitzen oft in großen Gruppen an zarten Triebspitzen oder Blütenknospen und verursachen Krüppelwuchs. Sie vermehren sich schnell, der Befall kann quasi über Nacht auftreten. Ein Anzeichen für starken Befall ist das Auftreten von Rußtau, einem schwarzen Schimmelpilz, der auf den zuckerhaltigen Ausscheidungen (Honigtau) der Läuse wächst. Er sieht unansehnlich aus. Der Honigtau lockt Ameisen an.

GEGENMASSNAHMEN: Im Garten spritze ich Blattläuse mit einem harten Wasserstrahl von den Blättern ab. Sie fallen zu Boden, wo sie verhungern oder Fressfeinden zum Opfer fallen. Diese Methode kann auch in Frühbeeten, Tunneln und Gewächshäusern angewandt werden. Bei starkem Befall können biologische Spritzmittel auf Seifenbasis eingesetzt werden. Bei geringem Befall wickeln Sie Klebeband mit der klebrigen Seite nach außen, um die Läuse zu entfernen.

Weiße Fliege

WAS IST DAS? Die Insekten sehen aus wie kleine Motten, es handelt sich aber um Fliegen, und sie treten in Gewächshäusern recht häufig auf. Oft sitzen sie in großen Gruppen auf der Unterseite der Blätter von Paprika, Tomaten oder Gurken. Wenn sie gestört werden, fliegen sie auf.

WAS RICHTEN SIE AN? Auch weiße Fliegen saugen Pflanzensaft und scheiden zuckerhaltigen Honigtau aus, auf dem sich Rußtau ansiedelt. Blattläuse und weiße Fliegen können Krankheiten übertragen, wenn sie von einer Pflanze zur nächsten wechseln.

GEGENMASSNAHMEN: Weiße Fliegen kann man ebenfalls mit einem harten Wasserstrahl von den Pflanzen spülen. Die Larven können nicht wieder an den Pflanzen hochklettern. Bei starkem Befall kann ein biologisches Insektizid auf Seifenbasis eingesetzt werden. Meist sind mehrere Behandlungen nötig.

Kohlweißling-Raupen

WAS IST DAS? Wer gern Brokkoli, Blumenkohl oder andere Kohlsorten mag, kennt diesen verbreiteten, gefräßigen Schädling. Er ist schwierig zu erkennen, weil die Larven klein und blattgrün sind. Ich entdecke sie oft auf der Unterseite von Grünkohl- oder Brokkoliblättern. Tunnel und ähnliche Abdeckungen wurden erfunden, um Gemüsepflanzen vor diesem und anderen Schädlingen zu schützen.

WAS RICHTEN SIE AN? Der Kohlweißling ist ein weißer Schmetterling, der ein einzelnes weißes Ei auf der Unterseite eines Kohlblatts ablegt. Die Eier sind hellgelb und kugelrund. Sobald die Larven geschlüpft sind, beginnen sie zu fressen. Sie hinterlassen schwärzliche Ausscheidungen auf den Pflanzen.

AUSSCHEIDUNGEN VON KOHLWEISSLING-RAUPEN

KAPUZINERKRESSE

SCHNITTLAUCH

RINGELBLUMEN

ZINNIEN

ALYSSUM

FLORFLIEGE

Willkommene NÜTZLINGE

Denken Sie nicht erst an Nützlinge, wenn Probleme auftreten. Besser ist es, sie schon im Winter in die Gartenplanung einzubeziehen. Überlegen Sie, welche Schädlinge aufgetreten sind – also wieder auftreten könnten – und welche Gegenmaßnahmen Sie ergreifen könnten. Grundsätzlich ist es ratsam, viel für die Pflanzengesundheit zu tun und Nützlinge wie Marienkäfer und Florfliegen in den Garten einzuladen. Wie das gelingt, lesen Sie hier.

Finger weg von Spritzmitteln! Verwenden Sie keine Pestizide, auch keine biologischen, denn sie vernichten nicht nur Schädlinge, sondern auch Nützlinge. Das kann schwierig sein, wenn beispielsweise starker Blattlausbefall auftritt. Aber meistens lohnt es sich, einige Tage zu warten, bis die Marienkäfer die Blattläuse entdeckt haben.

Blumen pflanzen. Nützlinge fressen nicht nur Schädlinge. Viele brauchen auch den Zucker, der in Pflanzennektar enthalten ist. Wenn Sie eine Vielzahl blühender Pflanzen mit unterschiedlichen Blütengrößen, -formen und -farben anbauen, locken Sie eine große Vielfalt an Nützlingen an. Gut geeignet sind zum Beispiel Schafgarbe, Sonnenblumen, Dill, Zinnien, Kapuzinerkresse und Koriander.

GEGENMASSNAHMEN: Weil Kohlweißling-Raupen in meinem Garten ein Dauerproblem sind, bin ich sehr wachsam. Eier schabe ich mit dem Fingernagel von den Blättern und zerdrücke sie, Raupen sammle ich ab und zertrete sie. Fliegengitter oder dünnes Vlies verhindert wirkungsvoll, dass die Schmetterlinge ihre Eier auf den Pflanzen ablegen, es muss aber unmittelbar nach der Pflanzung über den Beeten ausgebracht werden. Bei starkem Befall können betroffene Pflanzen mit einem organischen Insektizid gespritzt werden.

KOHLWEISSLING-RAUPE

Spinnmilben

WAS IST DAS? Spinnmilben sind kleine Schädlinge, die mit den Spinnen verwandt sind. Es handelt sich also nicht um Insekten. Die Tiere selbst sind so winzig, dass man sie oft nur mit einer Lupe erkennt. Ihr Schadbild ist aber unverwechselbar. Besonders gern mögen sie Tomaten, Bohnen, Gurken, Kürbisse, Erdbeeren und Paprika.

SPINNMILBEN

WAS RICHTEN SIE AN? Spinnmilben saugen Chlorophyll aus den Blättern. Dadurch entstehen auf der Blattoberfläche winzige weiße Flecken, die man unbedingt ernst nehmen sollte, denn die Schädlinge selbst sitzen meist auf den Blattunterseiten. Ein anderes unverkennbares Anzeichen für den Befall mit Spinnmilben ist ein feines Gespinst, beispielsweise in den Blattachseln.

GEGENMASSNAHMEN: Spinnmilben vermehren sich sehr schnell und in großer Zahl. Wer sie entdeckt, sollte sie keinesfalls ignorieren. Zimmerpflanzen sollte man regelmäßig mit Wasser einnebeln, weil Spinnmilben eine trockene Umgebung bevorzugen. Im Garten ist das Einsprühen nicht zu empfehlen, weil sich auf nassen Blättern schneller Krankheiten ausbreiten. Wer bereits Ärger mit Spinnmilben hatte, sollte gefährdete Pflanzen möglichst nicht ins Gewächshaus setzen. Und auch wenn es verlockend ist: Exotische Zimmerpflanzen sollten ebenfalls nicht den Sommer im Gewächshaus verbringen, sonst könnte man Spinnmilben einschleppen. Um dem Befall vorzubeugen, pflanze ich grundsätzlich auch Blumen und Kräuter wie Koriander und Alyssum unter meine Abdeckungen. Sie locken beispielsweise Marienkäfer und Florfliegen an, die Spinnmilben fressen. Außerdem können befallene Pflanzen mit einem biologischen Mittel auf Seifenbasis gespritzt werden. Dabei ist es wichtig, Ober- und Unterseiten der Blätter zu behandeln. Eventuell sind mehrere Anwendungen notwendig.

Blumen sind eines der besten Mittel, um bestäubende Insekten in den Garten zu locken. Ich säe regelmäßig Einjährige wie Kapuzinerkresse, Ringelblumen, Alyssum und Zinnien.

BESSERE BESTÄUBUNG

Dass unter Abdeckungen aller Art weniger Insekten unterwegs sind, ist Segen und Fluch zugleich. Pflanzen, die durch Insekten bestäubt werden müssen, werden unter Dach eventuell seltener besucht, sodass die Erträge kleiner ausfallen. Wenn Sie beobachten, dass Fruchtgemüse wie Tomaten, Paprika, Gurken oder Melonen nur wenige Früchte ansetzen, sollten Sie Bestäubern besseren Zugang ermöglichen. Es gibt noch mehr Möglichkeiten, eine ausreichende Bestäubung zu unterstützen.

Abdeckungen öffnen, wenn das Gemüse blüht

Wenn das Gemüse blüht, sollten Sie an milden Tagen Fenster und Deckel öffnen oder Folien und Vliese hochrollen. Das geschieht ohnehin beim Lüften. Denken Sie aber daran, auch Fliegengitter abzunehmen. Das ist auch wichtig, wenn Pflanzen, die auf Kreuzbestäubung angewiesen sind, zu blühen beginnen.

Bestäuber einladen

Eine weitere einfache Methode besteht darin, insektenfreundliche Blumen und Kräuter in und um Abdeckungen zu pflanzen, um Bestäuber anzulocken. Im Idealfall sollte vom zeitigen Frühjahr bis zum Spätherbst immer etwas blühen. So schaffen Sie einen Lebensraum, in dem Hummeln, Mauerbienen, Schmetterlinge und Schwebfliegen immer Wasser und Nahrung finden. Das bewirkt, dass sie nicht nur zu Besuch kommen, sondern sich im Garten ansiedeln.

Zu meinen Lieblingsblumen für den Nutzgarten zählen Sonnenblumen, Kapuzinerkresse, Zinnien, Alyssum, Ringelblumen und Kosmeen. Alle sehen in der Vase hübsch aus, und Kapuzinerkresse und Ringelblumen tragen zudem essbare Blüten. Auch Doldenblütler stehen bei Bestäubern hoch im Kurs, darum säe ich gern Dill, Petersilie und Koriander. Wer genug Platz hat, könnte außerdem blühende Stauden, Sträucher und Einjährige in die Nähe der Nutzbeete pflanzen. Wichtig ist allerdings, dass sie nicht zu viel Schatten werfen.

Sinnvoll ist auch, Insektenhotels im Garten zu verteilen. Man kann sie fertig kaufen oder aus Holzscheiten, hohlen Zweigen und Stängeln oder gebohrten Stücken von unbehandeltem Holz selbst bauen. In solche Quartiere ziehen gern einheimische Bienenarten ein, die in Holz oder Höhlen nisten. Flächen mit freier Erde werden von einheimischen Bienen angenommen, die dort Tunnel für ihre Brut graben. Diese einheimischen Bienenarten sind wichtig für die Bestäubung von Gurken und Kürbissen.

Wenn ich eine gerade geöffnete weibliche Kürbis-, Gurken- oder Melonenblüte entdecke, bestäube ich sie von Hand, indem ich den Pollen von der männlichen auf die weibliche Blüte übertrage.

Handbestäubung

Auch durch die Bestäubung von Hand lässt sich der Ertrag unter Dach steigern. Im Idealfall sollten zwar Insekten diese Aufgabe übernehmen, aber wenn man reichlich Melonen oder kleine Speisekürbissorten ernten möchte, kann es nicht schaden, Mutter Natur ein bisschen zur Hand zu gehen.

Wenn ich beim Werkeln im Gewächshaus an Gurken, Melonen oder Kürbissen frisch geöffnete weibliche Blüten entdecke, knipse ich eine männliche Blüte ab und übertrage den Pollen von den Staubgefäßen auf die Narbe der weiblichen Blüte. Man kann zur Handbestäubung auch einen kleinen weichen Pinsel verwenden. Wenn man mit dem sauberen, trockenen Pinsel die Staubgefäße berührt, bleibt daran Pollen hängen, den man dann mit einer streichenden Bewegung auf die Narbe der weiblichen Blüte übertragen kann.

Grundkurs BESTÄUBUNG

Als Bestäubung bezeichnet man die Übertragung von Pollen von den Staubgefäßen (den männlichen Teilen einer Blüte) auf die Narbe (den weiblichen Teil). Die Bestäubung ist notwendig, damit sich Früchte und später Samen bilden können. Grundsätzlich unterscheidet man zwischen Kreuzbestäubung und Selbstbestäubung.

Kreuzbestäubung. Von Kreuzbestäubung spricht man, wenn der Pollen von einer Blüte auf die Narbe einer anderen Blüte derselben Art gelangt. Sie erfolgt durch Insekten wie Bienen, Fliegen oder Schmetterlinge oder durch den Wind. Gurken, Mais und Tomatillos bilden nur bei Kreuzbestäubung Früchte.

Selbstbestäubung. In diesem Fall gelangt der Pollen auf die Narbe derselben Blüte. Unter den Gemüsearten zählen Erbsen, Bohnen und Salat zu den Selbstbestäubern.

Keine Bestäubung nötig. Nicht alle Gemüsearten müssen bestäubt werden, damit wir ernten können. Blumenkohl und Brokkoli werden zwar von Insekten bestäubt, aber wir ernten ihre unreifen Blütenknospen, bevor sie sich öffnen und die Bestäubung stattfinden würde. Ein Fliegengitter, das Kohlweißlinge von der Eiablage abhält, muss also vor der Ernte nicht abgenommen werden. Außerdem gibt es zahlreiche Gurkensorten, die parthenokarp sind, also auch ohne Bestäubung Früchte bilden. Solche Sorten empfehlen sich besonders für den Anbau im Gewächshaus oder Tunnel, wo weniger nützliche Insekten unterwegs sind.

TEIL 2

Gemüse unter Dach

Für mich beginnt die Gartensaison im Januar, wenn die ersten Saatgutkataloge im Briefkasten stecken. Aber während ich Pläne für das kommende Jahr schmiede, ernte ich noch Gemüse aus Tunneln, Frühbeeten und Gewächshaus. Natürlich sind diese Konstruktionen nicht nur für den Winter da. Sie ermöglichen mir, Gemüse anzubauen, das in meiner Region im Freiland nicht gedeihen würde: Antillengurken, französische Melonen und sogar Thai-Chili. Unter Dach kann ich früher säen und länger ernten, die Pflanzen sind gesund und bringen tolle Erträge. Im zweiten Teil des Buches stelle ich meine Lieblingssorten vor und gebe Tipps für den Anbau.

ARTISCHOCKE

Ich liebe Artischocken. Ausdauernd wachsen sie aber nur in warmen Gebieten. Also kann ich sie nicht anbauen? Doch! Sie wachsen seit über zehn Jahren im offenen Garten und unter Dach. Wichtig ist es, eine geeignete Sorte zu wählen, beispielsweise 'Imperial Star', die für die einjährige Kultur gezüchtet wurde, und ihr bei Bedarf etwas Schutz zu bieten.

Anbau und Ernte

Aussaat/Pflanzung. Wer in kühleren Regionen zarte Knospen ernten will, muss die Pflanzen im Haus vorziehen, am besten in kleinen Modulen. Wenn die Pflanzen 5–7,5 cm hoch sind, können sie in 10 cm große Töpfe umgepflanzt werden. Ich säe Artischocken Ende Februar oder Anfang März unter Wachstumsleuchten aus, damit die Sämlinge groß und kräftig sind, wenn sie ausgepflanzt werden.

Kultur. Artischocken werden in wärmerem Klima im Herbst ausgepflanzt und bilden in der darauffolgenden Saison die ersten Knospen. Damit sie auch ohne die Überwinterung Knospen bilden, brauchen sie eine Kälteperiode. Setzen Sie die Pflanzen etwa 10 Tage lang Temperaturen zwischen 7 und 10 °C aus. Am besten die Wettervorhersagen beobachten und die Pflanzen ins Freie stellen, wenn die Temperatur verlässlich über 5 °C bleibt. Vlies oder Folientunnel bereithalten, falls überraschend Frost vorausgesagt wird.

Im Garten sind Artischocken recht anfällig für Blattlausbefall. In meinem Foliengewächshaus tritt dieses Problem weitaus seltener auf. Falls Sie Blattläuse auf den Artischocken entdecken, können Sie sie mit einem kräftigen Wasserstrahl wegspülen oder die Pflanzen mit einem biologischen Produkt auf Seifenbasis bekämpfen.

Pflanzen Sie Artischocken an einen sonnigen Standort, und nehmen Sie sich vorher genug Zeit, den Boden gut vorzubereiten. Artischocken brauchen einen durchlässigen Boden, reichlich Kompost und viel Platz zum Wachsen. Sämlinge sollten in Abständen von etwa einem Meter gepflanzt werden. Später müssen sie regelmäßig mit Wasser versorgt werden, am besten mit einem Tropfschlauch unter einer Mulchschicht. Unkraut regelmäßig jäten und monatlich einen biologischen Flüssigdünger geben.

Ernte. Artischockenknospen werden geerntet, wenn sie eine gute Größe erreicht haben, aber noch fest geschlossen sind. Ich lasse sie etwa 5–7,5 cm groß werden. Den Stiel 5 cm unter der Knospe abschneiden. Dadurch wird die Pflanze angeregt, kleinere Seitenknospen zu bilden, die später geerntet werden können.

Schutzmaßnahmen

KURZZEITIGER FROSTSCHUTZ

Vlies. Wenn Frost droht, während die Jungpflanzen im Frühling ihre kalte Periode durchlaufen, können sie mit Vlies geschützt werden.

Glocken. Glocken, vor allem solche mit Wasserreservoir, haben sich bei mir bewährt, um junge Pflanzen im Frühling zu schützen. Tagsüber werden sie zum Lüften abgenommen. Nachts werden die Pflanzen abgedeckt, bis die Temperaturen zuverlässig über 10 °C bleiben.

Folientunnel. Für ein ganzes Beet mit Artischocken ist ein Folientunnel eine praktische Lösung. Die Bögen können auch mit Vlies abgedeckt werden. Tagsüber abnehmen. Nachts abdecken, bis die Temperaturen beständig über 10 °C bleiben.

GESCHÜTZTE ÜBERWINTERUNG

Foliengewächshaus/Gewächshaus/Kuppel. Im Gewächshaus können Artischockensämlinge 3–4 Wochen vor dem letzten Frost im Frühjahr gepflanzt werden. Im Herbst brauchen sie eventuell zusätzlichen Schutz. In meinem Garten decke ich sie über Winter mit einer 45–50 cm dicken Strohschicht und einem Folientunnel ab. Im zeitigen Frühjahr nehme ich den Schutz ab. Nach einigen Jahren schwächeln die Pflanzen und werden ersetzt.

RUCOLA

In meinem Garten wächst viel Salatgemüse, aber den pfeffrigen Geschmack von Rucola mögen wir besonders gern. Ich säe ihn fast ganzjährig, nur im Hochsommer lege ich eine Pause ein, weil er bei Hitze und Trockenheit schlecht wächst.

Anbau und Ernte

Aussaat/Pflanzung. Rucola braucht von der Aussaat bis zur Ernte nur 30–40 Tage. Am liebsten hat er einen sonnigen bis halbschattigen Platz (möglichst Schatten am Nachmittag). Er kann 8–12 Wochen vor dem letzten Frost im Frühling direkt in Frühbeete oder Folientunnel gesät werden, am besten in Abständen von 2,5 cm und Reihenabständen von 1,2–1,5 m. Rucola geht schnell in Saat, wenn die Temperaturen höher steigen, darum ist es ratsam, alle 2–3 Wochen Folgesaaten zu legen, wenn man über einen längeren Zeitraum ernten möchte. Für die Ernte im Herbst oder Winter kann er etwa einen Monat vor dem ersten erwarteten Frost im Freiland gesät und mit einem Folientunnel geschützt werden.

Kultur. Rucola keimt sehr schnell. Schon 10–14 Tage nach der Aussaat müssen die Sämlinge ausgedünnt werden. Diese ausgezupften Jungpflanzen essen wir, immerhin handelt es sich um junges Gemüse. Beim Ausdünnen versuche ich, Abstände von etwa 5 cm zu erreichen.

Flohkäfer (auch Erdflöhe) treten häufiger auf. Der Befall lässt sich eindämmen, indem man die Fruchtfolge konsequent einhält und frische Saatreihen mit einem Fliegengitter abdeckt.

Ernte. Sobald die äußeren Blätter groß genug sind, werden sie geerntet. Das ist wichtig, damit die Pflanze neue Blätter bildet. Die Blüten sind essbar (und locken Bestäuber an). Wenn die Pflanzen zu blühen beginnen und Sie den Platz nicht dringend brauchen, lassen Sie sie stehen.

Schutzmaßnahmen

SCHUTZ VOR SCHÄDLINGEN

Fliegengitter. Um dem Befall durch Flohkäfer vorzubeugen, gleich nach der Aussaat Fliegengitter ausbreiten.

BLÜTE VERZÖGERN

Schattiergewebe. Durch Schattieren lässt sich die Blüte hinauszögern und Sie können einige Wochen länger ernten.

SAISON VERLÄNGERN

Vlies. Im Frühling oder Herbst als Frostschutz einsetzen, eventuell auf Bügeln von Folientunneln. Ich decke im Winter auch den Rucola im Foliengewächshaus mit Vlies ab.

Folientunnel. In einem Folientunnel kann man Rucola zeitiger im Frühjahr säen und länger ernten, meistens bis in den Spätherbst und Winter hinein.

Frühbeet. Niedrige Rucola-Sorten im zeitigen Frühjahr, Herbst oder Winter ins Frühbeet säen. Im Frühjahr und Herbst oft lüften, damit sich die Hitze nicht staut.

Foliengewächshaus/Gewächshaus/Kuppel. Unsere erste Rucola-Ernte kommt aus dem Foliengewächshaus, wo ich schon Ende Februar säe. Dann lege ich Folgesaaten bis Mitte April. Danach ist es warm genug, um Rucola im Freiland zu säen. Um die Herbstmitte beginne ich wieder mit Folgesaaten im Gewächshaus, sodass wir den ganzen Winter lang ernten können.

'Sylvetta' ist eine besonders robuste Rucola-Sorte, die ich sehr schätze. Sie bildet etwa 30 cm hohe Blattrosetten und überwintert oft in meinem Garten. Sie wächst langsamer als die meisten Sorten und hat kleinere, tiefer eingeschnittene Blätter. Auch ihr Geschmack ist intensiver als der vieler anderer Sorten.

BOHNEN

Bohnen sind mein Lieblingsgemüse, nicht nur auf dem Teller, sondern auch im Garten. Unter Dach kann ich schon einige Wochen früher ernten als im offenen Garten.

Anbau und Ernte

Aussaat/Pflanzung. Vor der Aussaat eine 2,5 cm dicke Schicht Kompost verteilen. Samen für Buschbohnen in Abständen von 5 cm und Reihenabständen von 45–60 cm legen, später auf Abstände von 15 cm ausdünnen. Wenn Netze oder Spaliere verwendet werden, genügen Abstände von 7,5 cm. Für Stangenbohnen an Tipis an jede Stange vier oder fünf Samen legen.

Kultur. Wenn die Bohnen blühen und erste Hülsen bilden, muss regelmäßig bewässert werden, damit die Ernte gut ausfällt. Bei Wassermangel kann es zu einer verkürzten Ernte kommen. Im Sommer regelmäßig lüften, damit es nicht zum Hitzestau kommt. Bei Temperaturen über 32 °C kommt es vor, dass sich aus den Samen keine Hülsen entwickeln.

Meine Mutter hat mir immer empfohlen, bei nassem Wetter nicht ins Bohnenbeet zu gehen. Sie wusste, warum. Bohnen sind anfällig für pilzliche und bakterielle Erkrankungen, die sich vor allem bei nassem Wetter schnell verbreiten. Aus demselben Grund ist es wichtig, beim Bewässern nur den Boden zu benetzen, nicht die Blätter.

Ernte. Wenn die Hülsen 10–15 cm lang sind, muss oft geerntet werden, mindestens alle zwei Tage. Lässt man sie länger ausreifen, verlangsamt sich die Bildung neuer Hülsen. Stangenbohnen bringen auf derselben Fläche dreimal so viel Ertrag wie Buschbohnen.

Schutzmaßnahmen

KURZZEITIGER FROSTSCHUTZ

Vlies. Bei kühlem Frühjahrswetter dünnes Vlies ausbreiten.

Folientunnel. Folie schützt junge Bohnenpflanzen vor Frost im Frühjahr. Häufig lüften und abnehmen, wenn die Frostgefahr vorüber ist.

FRÜHER ERNTEN

Foliengewächshaus/Gewächshaus/Kuppel. Im Gewächshaus kann 2–3 Wochen vor dem letzten Frost gesät werden. Halten Sie Vlies bereit, um die Beete schnell abzudecken, falls Frost vorhergesagt wird. Niedrige Buschbohnensorten wie 'Mascotte' können relativ früh geerntet werden.

Folie. Gartenbeete können 1–2 Wochen vor der Aussaat mit Folie erwärmt werden. Gesät wird erst, wenn keine Frostgefahr mehr besteht.

SCHUTZ VOR SCHÄDLINGEN

Vlies. Zum Abdecken gleich nach der Aussaat, damit Vögel die Samen nicht ausgraben. Man kann Vlies auch über Bögen legen, um die Jungpflanzen vor Vögeln, Rehen, Kaninchen und anderen Tieren zu schützen.

SOJABOHNEN

GROSSE BOHNEN

Weitere Bohnen für den Anbau unter Dach

Auch Sojabohnen und große Bohnen gedeihen gut im Tunnel oder Gewächshaus. Große Bohnen vertragen Kälte gut und können schon im zeitigen Frühjahr gesät werden. Sojabohnen dagegen sind frostempfindlich. Im Gewächshaus kann man sie 2–3 Wochen vor den letzten Frösten im Frühjahr säen. Möglich ist auch die Aussaat im Hochsommer für die Ernte im Herbst.

ROTE BETE

Rote Bete schmecken erdig und süßlich. Im Frühjahr kann man kleine Knollen und zarte Blätter ernten, im Herbst und Frühwinter die größeren Knollen, die sich gut einlagern lassen. Das Gemüse ist unkompliziert und wächst im zeitigen Frühjahr und Spätherbst auch gut im Frühbeet, Tunnel oder Gewächshaus. Übrigens gibt es nicht nur rote Sorten.

Anbau und Ernte

Aussaat/Pflanzung. Bei optimalen Bedingungen wachsen Rote Beten schnell. Bei Trockenheit oder starken Temperaturschwankungen dagegen können die Knollen hart und holzig werden. Ideal sind volle Sonne und nährstoffreicher, durchlässiger Boden, auf dem eine 2,5 cm dicke Schicht Kompost verteilt wird. Zu viel organische Substanz kann bewirken, dass die Blätter kräftig wachsen und die Knollen klein bleiben. Der Boden sollte leicht alkalisch sein (pH 6,5–7). Ich verteile vor der Aussaat Seetang-Mehl, weil es Bor enthält, das die Roten Beten brauchen. Saatabstand ca. 2,5 cm, Reihenabstand 30–45 cm.

Kultur. Regelmäßige Bewässerung ist wichtig für die Qualität der Knollen. Nach dem Auflaufen

die Pflanzen auf 7,5–10 cm (für kleine Knollen) oder auf 12–15 cm (für größere Knollen) ausdünnen. Dafür die Sämlinge nicht auszupfen, weil dabei die Nachbarn gestört werden können, sondern abschneiden oder mit den Fingernägeln abknipsen. Die abgeschnittenen jungen Blätter können an Salate gegeben werden.

Ernte. Kleine Knollen können geerntet werden, wenn sie einen Durchmesser von 2,5–5 cm haben. Ich versuche, jede zweite Pflanze herauszuziehen und die übrigen weiter wachsen zu lassen. Sie dürfen aber nicht zu lange in der Erde bleiben, sonst werden sie holzig. Die Kulturdauer ist von Sorte zu Sorte verschieden. Lesen Sie auf der Samentüte nach!

Schutzmaßnahmen

FRÜHER ERNTEN

Kaltes Frühbeet/Folientunnel. 6–8 Wochen vor dem letzten Frost im Frühjahr aussäen.

SCHUTZ VOR SCHÄDLINGEN UND FROST

Fliegengitter. Rote Beten sind anfällig für Minierer. Ein leichtes Fliegengitter verhindert, dass die erwachsenen Tiere ihre Eier auf den Blättern ablegen.

Vlies. Gleich nach der Aussaat auf die Beete legen, damit der Boden nicht verkrustet und die Samen schneller keimen. Auch als Frost- und Wetterschutz im Frühling und Herbst geeignet.

ERNTE IN DEN WINTER VERLÄNGERN

Mulch. Bevor der Boden im Spätherbst gefriert, eine 30–45 cm dicke Mulchschicht aus zerkleinerten Blättern auf Beeten im offenen Garten verteilen und mit altem Vlies abdecken, damit es sie nicht wegweht. So kann bis in den Winter geerntet werden.

Frühbeet/Folientunnel. Für die späte Ernte 6–8 Wochen vor dem ersten Frost säen. Für niedrige Frühbeete Sorten mit kleineren Blättern wählen. Um noch im Winter zu ernten, eine 30 cm dicke Mulchschicht aus zerkleinertem Laub oder Stroh in Frühbeeten, Folientunneln oder im Gewächshaus verteilen. Sorten wie ‘Bull's Blood’ haben kältetolerante Blätter, die für Wintersalate verwendet werden können.

BROKKOLI & BLUMENKOHL

Unter Dach kann man dieses Gemüse einen Monat früher ernten als im Garten, außerdem sind die Pflanzen dort vor Kohlweißlingen und anderen Schädlingen geschützt. Brokkoli und Blumenkohl sind Gemüsearten für die kühle Saison. Wir essen die unreifen Blütenknospen.

Anbau und Ernte

Aussaat/Pflanzung. Brokkoli und Blumenkohl bringen die besten Erträge, wenn sie stetig wachsen und keinen Stress durch Hitze oder Trockenheit erleiden. Sie brauchen nährstoffreichen, durchlässigen Boden mit gutem Wasserhaltevermögen in voller Sonne. Kühle Frühjahrs- und Herbsttemperaturen bekommen ihnen gut.

Brokkoli und Blumenkohl können direkt ausgesät oder vorgezogen und später ausgepflanzt werden. Die Aussaat im Haus erfolgt etwa 4–6 Wochen vor dem geplanten Pflanztermin. Mir sind gesunde, kräftige Jungpflanzen wichtig, weil in meinem Garten – und manchmal im Foliengewächshaus – Schnecken vorkommen.

Vor der Freilandaussaat oder Pflanzung Kompost oder verrotteten Stallmist auf dem Boden verteilen und leicht einharken. Saatabstand 10 cm, Reihenabstand 45 cm. Wenn die Pflanzen gut wachsen, auf Abstände von 30 cm ausdünnen.

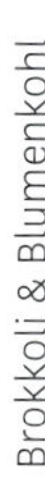

Jungpflanzen in Abständen von 30 cm und Reihenabständen von 45 cm setzen. Bei Abständen von 60 cm werden die Köpfe größer.

Kultur. Diese Gemüsearten bevorzugen gleichmäßig kühle Bedingungen, darum muss vor allem an sonnigen Tagen gelüftet werden, wenn die Innentemperatur 10 °C erreicht. Auch eine gleichmäßige Wasserversorgung ist für das gesunde Wachstum wichtig. Dafür eignen sich Tropfschläuche, die unter einer Mulchschicht liegen. Bei Wassermangel gehen die Pflanzen vorzeitig in Saat und sind anfälliger für Schadinsekten. Sobald sich Blütenstände bilden, mit wasserlöslicher Fischemulsion düngen. Dieser Dünger riecht nicht sonderlich gut und sollte darum im Gewächshaus angewandt werden, wenn es mild genug ist, um die Seiten hochzurollen oder die Fenster und Türen zu öffnen. Schädlinge wie Kohlweißling-Raupen (Seite 135) und Schnecken (Seite 134) regelmäßig absammeln.

Wenn Blumenkohlköpfe 5–7,5 cm groß sind, müssen sie vor Sonne geschützt werden, damit sie schön weiß bleiben. Dafür die äußeren Blätter über den Blütenstand legen, zusammenraffen und mit einem Gummiband zusammenhalten. Regelmäßig kontrollieren, wie sich der Kopf entwickelt. Im Frühling kann Blumenkohl 1–2 Wochen mach dem Abdecken geerntet werden. Im Herbst kann es 3–4 Wochen dauern, bis die Blütenstände eine ausreichende Größe erreicht haben.

Ernte. Blumenkohl und Brokkoli während der Reifung beobachten, weil sie schnell überreif werden können. Geerntet wird Blumenkohl mit etwa 15–20 cm Durchmesser und Brokkoli mit etwa 10–15 cm Durchmesser. Die optimale Erntegröße kann aber von Sorte zu Sorte variieren. Nähere Angaben finden Sie auf der Samentüte.

Wenn der Haupttrieb von Brokkoli abgeschnitten ist, sollten Sie die Pflanze stehen lassen, weil sie Seitentriebe mit kleineren Köpfen bildet. Diese können noch über mehrere Wochen geerntet werden. Flüssigdünger regt die Bildung kräftiger Seitentriebe an.

Schutzmaßnahmen

FRÜHER ERNTEN IM FRÜHJAHR

Gewächshaus. Im Haus vorziehen und Jungpflanzen etwa 6 Wochen vor dem letzten Frost ins Gewächshaus pflanzen.

Folientunnel. Brokkoli- und Blumenkohlsämlinge 4–6 Wochen vor dem letzten Frost in Folientunnel pflanzen.

SCHUTZ VOR SCHÄDLINGEN

Fliegengitter. Brokkoli und Blumenkohl stehen bei Kohlweißling-Larven hoch im Kurs. Mit Fliegengitter oder Vlies lässt sich verhindern, dass die Schmetterlinge ihre Eier auf den Pflanzen ablegen. Die Abdeckung muss unmittelbar (!!) nach der Pflanzung ausgebreitet werden. Ich habe schon erlebt, dass die Falter mich *während* der Pflanzung der Jungpflanzen umschwirrten. Die Abdeckung muss großzügig bemessen sein, damit die Pflanzen Platz zum Wachsen haben. Fliegengitter und Vlies halten auch Kaninchen und andere Schädlinge fern.

LÄNGER ERNTEN IM HERBST

Folientunnel/Foliengewächshaus/Gewächshaus. 8–12 Wochen vor dem ersten Frost aussäen. Ich ziehe die Samen im Haus unter Wachstumsleuchten vor, weil es im Spätsommer im Gewächshaus zu heiß ist, um die Saatbeete ausreichend feucht zu halten.

KOHL & CHINAKOHL

Mit verschiedenen Abdeckungen könnte ich in meinem Garten etwa neun Monate im Jahr Kohl ernten – was ich allerdings nicht immer tue, weil er so viel Platz benötigt. Andererseits esse ich Kohl ausgesprochen gern, auch Chinakohl, der zur gleichen Pflanzenfamilie wie Kohl und Rüben gehört. Besonders gut gefallen mir einige der neuen Züchtungen, beispielsweise 'Caraflex', eine Sorte mit spitzen Köpfen.

Anbau und Ernte

Aussaat/Pflanzung. Die meisten Kohlsorten haben ähnliche Ansprüche wie Blumenkohl und Brokkoli. Sie brauchen einen sonnigen Standort mit durchlässigem, gut aufbereitetem Boden. Weil Kohl zu den Starkzehrern gehört, arbeite ich zur Pflanzzeit zusätzlich ein biologisches Düngergranulat in den Boden ein.

Außerdem ist es wichtig, für jede Saison die richtigen Sorten zu wählen. Kohl und Chinakohl werden traditionell im Frühling und Herbst angebaut. Für die Frühjahrsernte sollte man Sorten mit kurzer Kulturdauer wählen, die schnell reifen. Für die Herbsternte empfehlen sich lagerfähige Sorten, die eine lange Reifezeit haben, aber größere Köpfe bilden.

Wegen der Schnecken säe ich nicht direkt ins Beet, sondern ziehe Kohl 4–6 Wochen im Haus vor und pflanze ihn dann unter Abdeckungen. Die Sämlinge sollten abgehärtet werden und 2–3 Wochen vor dem letzten Frost in den Garten gesetzt werden. Unter Dach können sie schon 4–6 Wochen vor dem letzten Frost gepflanzt werden. Die Abstände zwischen Pflanzen und Reihen sollten je nach Sorte bei 45–60 cm liegen. Genauere Angaben finden Sie auf der Samentüte.

Kohl-Sämlinge pflanze ich im Hochsommer um, wenn es heiß und trocken ist. Schattiergewebe kühlt, hält den Boden feucht und unterstützt das gesunde Anwachsen.

Alternativ kann man 3–4 Wochen vor dem letzten Frost im Frühjahr direkt in die Gartenbeete säen, unter Dach schon 6–8 Wochen vor dem letzten Frost. Die Samen in Abständen von 10 cm legen und später auf 45 cm ausdünnen. Für kleinere Sorten und Chinakohl genügen Abstände von 30 cm.

Kultur. Wer Kohl unter Dach anbaut, muss vor allem ans Lüften und Bewässern denken. Kohl und Chinakohl sind Gemüsearten für die kühle Saison. Sie wachsen am besten, wenn es kühl bis warm, aber nicht zu heiß ist. Wenn die Innentemperatur über 10 °C steigt, öffne ich vor allem bei Sonnenschein die Enden der Folientunnel oder rolle die Seiten des Foliengewächshauses hoch. Gute Luftzirkulation verringert das Risiko für Pilzerkrankungen.

Wie bei Brokkoli und Blumenkohl sind Tropfschläuche unter einer Mulchschicht ideal zur Bewässerung. Vor allem, wenn sich die Köpfe der Reife nähern, ist gleichmäßige Bewässerung wichtig. Trockenheit im Wechsel mit starken Wassergaben kann bewirken, dass die Köpfe platzen. Geplatzte Kohlköpfe sollten unverzüglich geerntet werden.

Wenn die Kopfbildung einsetzt, geben Sie den Pflanzen eine Portion flüssigen Bio-Dünger.

'MERLOT'

Kontrollieren Sie die Pflanzen regelmäßig auf Schädlinge. In meinem Garten machen sich die Schnecken selbst dann über den Chinakohl her, wenn sie andere Pflanzen in Ruhe lassen. Ich pflanze Chinakohl unter Dach, weil dieses Problem dort kaum auftritt.

Ernte. Kohl und Chinakohl können geerntet werden, wenn die Köpfe die gewünschte Größe oder die auf der Samentüte angegebene Größe erreicht haben. Die Köpfe sollten fest sein.

Schutzmaßnahmen

FRÜHER ERNTEN IM FRÜHJAHR

Folientunnel. Im Folientunnel kann 8 Wochen vor dem letzten Frost gesät werden, Sämlinge können 4 Wochen vor dem letzten Frost gepflanzt werden.

Foliengewächshaus/Gewächshaus/Kuppel. Wer genug Platz im Gewächshaus hat und gern Kohl isst, kann zeitig im Frühjahr oder bis in den Spätherbst und Winter hinein ernten. Befolgen Sie dabei denselben Zeitplan wie für den Anbau im Folientunnel. Eine Ausnahme bildet Chinakohl, der die kühleren, kürzeren Herbsttage bevorzugt und im Frühjahr nicht so gut gedeiht. Wer Chinakohl im Frühjahr ziehen will, sollte die Sämlinge frühestens 2 Wochen vor dem letzten Frost in Tunnel oder Gewächshaus pflanzen. Wenn die Temperatur länger als einige wenige Tage unter 10 °C sinkt, schießen die Pflanzen meist in Saat.

KURZZEITIGER FROSTSCHUTZ

Vlies. Vlies ist praktisch, um junge Kohlpflanzen vor Frost zu schützen.

SCHUTZ VOR SCHÄDLINGEN

Fliegengitter/Vlies. Hilfreich, um Kohlweißlinge und Möhrenfliegen daran zu hindern, ihre Eier auf den Pflanzen abzulegen. Wenn sich das Wetter im späten Frühjahr erwärmt, können die Abdeckungen abgenommen werden.

PAK CHOI

ROTER SENFKOHL

Die asiatischen Verwandten

Es gibt viele Kohlsorten aus Asien, die auch in unseren Breiten gut wachsen. Die hier aufgeführten Sorten können im Frühling, Herbst und Winter aus dem Frühbeet, dem Folientunnel oder dem Gewächshaus geerntet werden.

Diese asiatischen Kohlsorten bilden nicht nur wohlschmeckende Blätter, sondern oft auch essbare Knospen, die an winzige Brokkoliröschen erinnern. Meist lasse ich einige Pflanzen blühen, damit sie Bienen anlocken. Die leuchtend gelben Blüten sind eine aromatische Bereicherung für Salate.

PAK CHOI. Pak choi ernte ich im Winter aus den Frühbeeten und dem Foliengewächshaus. Im offenen Garten gedeiht Pak choi von Frühjahr bis Herbst. Er bildet hübsche, vasenförmige Pflanzen mit leuchtend grünen oder violetten Blättern und breiten weißen oder hellgrünen Stielen und Blattrippen. Die jungen Blätter schmecken gut in Salaten. Junge Köpfe kann man ganz oder halbiert braten, und die ausgereiften Blätter schmecken in Gemüsepfannen oder eingelegt.

MIZUNA. Mizuna hat tief eingeschnittene, fast fiedrige Blätter, die je nach Sorte grün oder violett überhaucht sind. Der Geschmack erinnert an milden Senf. Wir essen ihn in Salaten, auf belegten Broten, aber auch gehackt in Nudelgerichten und Gemüsepfannen. Mizuna ist kältetolerant und verträgt Wärme besser als andere asiatische Blattgemüsearten.
Er kann vom Frühjahr bis in den Sommer geerntet werden.

SENFKOHL. Senfkohl-Arten gibt es in verschiedenen Farben, Formen und Konsistenzen. Er ist kältetolerant. Junge Blätter haben einen mild-pfeffrigen Geschmack, ältere Blätter sind schärfer. Am besten Folgesaaten legen, um über einen längeren Zeitraum zu ernten.

TOKYO BEKANA. Ich liebe diesen hellgrünen Chinakohl mit gekräuselten Blättern. Er bildet keine Köpfe. Die Blätter schmecken ähnlich wie milder Kopfsalat und eignen sich ausgezeichnet für Salate und belegte Brote.

TATSOI. Wer Grünes im Winter ernten will, sollte Tatsoi pflanzen. Die niedrige Pflanze hat einen milden Geschmack und löffelförmige, dunkelgrüne Blätter, die wir roh für Salate verwenden oder in Gemüsepfannen geben. Er wächst schnell. Junge Pflanzen können schon 3–4 Wochen nach der Aussaat geerntet werden.

MÖHREN

Wer Möhren unter Dach anbaut, kann fast ganzjährig ernten. Durch den geschützten Anbau gewinnen Sie im zeitigen Frühjahr einen deutlichen Vorsprung, und im Sommer gelegte Saaten keimen besser. Fliegengitter sind hilfreich, um Schädlinge wie die Möhrenfliege auf Abstand zu halten und dadurch die Qualität der Ernte zu verbessern.

Anbau und Ernte

Aussaat. Möhren gedeihen am besten in tiefgründigem, lockerem Boden ohne Steine. Ich arbeite etwas Kompost in den Boden ein, jedoch keinen Stallmist, weil er bewirken kann, dass die Wurzeln beinig wachsen. Die Samen werden 5 mm tief und mit 1 cm Abstand in den vorbereiteten Boden gelegt. Für dünne oder mittlere Möhren sollte der Reihenabstand bei 15–20 cm liegen, für größere Lagermöhren bei 25 cm. Saatpellets oder Saatbänder sind praktisch, weil die Abstände gleichmäßiger ausfallen und das Ausdünnen entfällt. Die Keimung dauert etwa 7–21 Tage. Während dieser Zeit muss das Saatbeet gleichmäßig feucht gehalten werden. Die Sämlinge auf Abstände von etwa 5 cm ausdünnen.

Kultur. Regelmäßig jäten, denn Möhren vertragen Konkurrenz schlecht. Für gleichmäßiges Wachstum ist eine regelmäßige Wasserversorgung notwendig. Falls sich die «Schultern» der Möhren aus der Erde schieben, sollten sie angehäufelt werden, damit sie nicht grün werden.

Ernte. Möhren können jederzeit geerntet werden, wenn sie die gewünschte Größe erreicht haben. Die Haupternte dauert etwa 3 Wochen, bei kühlem Herbstwetter länger. Danach können sich Aussehen und Geschmack verschlechtern. Für eine fortlaufende Versorgung sollten Sie Folgesaaten in Abständen von etwa 3 Wochen legen. Nach einigen Frostnächten im Herbst, wenn ein Teil der Stärke in Zucker umgewandelt wurde, schmecken die Möhren besonders süß.

DICK MULCHEN

Auf meine Möhrenbeete lege ich im Spätherbst, bevor der Boden gefriert, eine 30–45 cm dicke Mulchschicht aus Stroh oder zerkleinertem Laub, um den ganzen Winter lang ernten zu können. Damit der Mulch nicht weggeweht wird, breite ich darüber ein altes Bettlaken aus, das ich mit Steinen beschwere.

Schutzmaßnahmen

BESSERE KEIMUNG DURCH SCHATTEN

Vlies/Schattiergewebe. Sehr nützlich während der Keimung, vor allem im Hochsommer, wenn der Boden schnell austrocknet. Die Abdeckung hemmt die Verdunstung von Bodenfeuchtigkeit und die Verkrustung, sodass die zarten Sämlinge leichter durch die Erde dringen können. Vlies wirkt außerdem wärmend und kann im Frühjahr helfen, die Keimung zu beschleunigen. Schattiergewebe muss nach dem Auflaufen der Saat abgenommen werden.

SCHUTZ DER PFLANZEN

Fliegengitter. Fliegengitter schützt vor Befall mit der Möhrenfliege. Da Möhren nicht bestäubt werden müssen, kann die Abdeckung von der Aussaat bis zur Ernte an Ort und Stelle bleiben.

FRÜHER ERNTEN IM FRÜHLING

Frühbeet. 10–12 Wochen vor dem letzten Frost im Spätfrühjahr säen.

Folientunnel. 10–14 Tage vor dem geplanten Aussaattermin einen Folientunnel über dem Beet aufstellen, um den Boden zu erwärmen und die Keimung zu beschleunigen. 6–8 Wochen vor dem letzten Frost säen.

Gute Möhren für Herbst und Winter

'NAPOLI'. Diese Sorte pflanze ich seit über zehn Jahren an, weil sie so wunderbar süß schmeckt. Die glatten Wurzeln werden 15–18 cm lang und haben eine runde Spitze.

'BOLERO'. Dies ist unsere Lieblingssorte für Frühbeete und Foliengewächshaus. Sie hat saftige, knackige Wurzeln mit süßlichem Geschmack, die bis zu 20 cm lang werden.

BUNTE MÖHREN. Ich habe schon viele Möhrensorten in allen Regenbogenfarben überwintert: violett, rot, weiß, gelb und orange. Nicht alle schmecken so süß wie 'Napoli' und 'Bolero', aber alle waren köstlich. 'Atomic Red', 'Purple Haze' oder 'Yellowstone' lohnen einen Versuch. Im Winter sollten sie mit einer dicken Mulchschicht bedeckt werden.

Gewächshaus/Foliengewächshaus/Kuppel. 10–12 Wochen vor dem letzten Frost im Spätfrühjahr säen.

LÄNGER ERNTEN IM HERBST

Frühbeet. 10–12 Wochen vor dem ersten Frost im Herbst säen.

Folientunnel. 10–12 Wochen vor dem ersten Frost im Herbst säen. Tunnel aufstellen, wenn sich die Temperaturen dem Gefrierpunkt nähern.

Gewächshaus/Foliengewächshaus/Kuppel. 10–12 Wochen vor dem ersten Frost im Herbst säen.

WINTERSCHUTZ

Mulch. In vielen Gegenden lässt sich die Möhrenernte in den Winter hinein verlängern, indem man Beete im offenen Garten mulcht, damit der Boden nicht gefriert. Verteilen Sie eine 30–45 cm dicke Schicht zerkleinertes Laub oder Stroh auf dem Beet, die mit einem alten Vlies oder Stoff abgedeckt wird, damit sie nicht wegweht. In kalten Regionen sollten auch Möhren im Gewächshaus gemulcht werden.

SELLERIE

Stangensellerie wird wegen der langen, knackig-saftigen Triebe kultiviert, Knollensellerie wegen der Knollen. Beide schmecken recht ähnlich, und beide können roh und gegart genossen werden. Im Sommer und Herbst ernten wir in unserem Garten frischen Stangensellerie. Danach können wir einige Monate lang im Spätherbst und Winter Knollensellerie genießen.

Anbau und Ernte

Aussaat/Pflanzung. Stangen- und Knollensellerie wachsen langsam und sollten im Haus unter Wachstumsleuchten vorgezogen werden. Säen Sie 12–14 Wochen vor dem geplanten Pflanztermin. Die winzigen Samen auf die Oberfläche einer Schale mit feuchtem Substrat streuen und die Schalen auf den Kühlschrank oder auf eine Wärmematte stellen. Durch die Extrawärme wird die Keimung beschleunigt. Sobald sich Sämlinge zeigen, die Schalen unter eine Wachstumsleuchte stellen.

Abgehärtete Sämlinge können einige Wochen vor dem letzten Frost im Frühjahr ins Gewächshaus oder in Folientunnel gepflanzt werden. Ins offene Beet dürfen sie erst umziehen, wenn keine Frostgefahr mehr besteht. Legen Sie Vlies bereit, falls doch noch ein unerwarteter Kälteeinbruch kommt.

Schnittsellerie

Sie mögen den Geschmack von Sellerie, aber die lange Kulturdauer und die hohen Ansprüche der Pflanzen sind Ihnen zu viel? Dann versuchen Sie es mit Schnitt- oder Blattsellerie. Er sieht meist aus wie glatte Petersilie, nur die neuere Sorte 'Par-Cel' ähnelt eher krauser Petersilie. Verwendet werden die aromatischen Blätter und die hohlen Stiele. Schnittsellerie ist eine Pflanze für die kühle Saison und gedeiht im Herbst gut in Frühbeeten, Folientunneln und Gewächshäusern.

Kultur. Sellerie braucht nährstoffreichen Boden mit gutem Wasserhaltevermögen. Vor der Pflanzung sollte reichlich Kompost oder abgelagerter Stallmist untergearbeitet werden. Die Pflanzabstände sollten 20 cm betragen, die Reihenabstände 45 cm. Sellerie braucht viel Wasser, und zwar regelmäßig. Eine Mulchschicht aus Stroh hält den Boden feucht.

Man kann Stangensellerie bleichen, damit die Stiele heller und milder werden. Dafür werden die Pflanzen 2–3 Wochen vor der Ernte angehäufelt. Alternativ kann man Kragen aus Pappe um die Pflanzen legen. Diese Mühe mache ich mir allerdings nicht.

Ernte. Über Sommer kann man von Stangensellerie jederzeit die äußeren Stiele abschneiden, das Herz wächst dabei weiter. Ebenso kann man die ganze Pflanze knapp über dem Boden abschneiden. Knollensellerie wird geerntet, wenn die Knollen etwa 7,5–12 cm Durchmesser haben.

Schutzmaßnahmen

FRÜHER ERNTEN IM FRÜHJAHR

Folientunnel/Gewächshaus. Einige Wochen vor dem letzten Frost im Frühjahr bis in den Frühsommer hinein kann man Sellerie in Tunnel oder Gewächshaus pflanzen. Unbedingt mulchen und regelmäßig und großzügig bewässern, denn Sellerie braucht eine gleichmäßige Wasserversorgung.

LÄNGER ERNTEN IM HERBST

Mulch. Bevor der Boden im Herbst gefriert, Knollensellerie mit einer 30–45 cm dicken Schicht aus Stroh oder zerkleinerten Blättern mulchen und mit altem Vlies oder Stoff abdecken, damit der Mulch nicht wegweht.

GURKEN

Gurken sind hervorragende Kandidatinnen für den Anbau im Gewächshaus. Die Früchte haben unter Dach eine bessere Qualität, und die Erntezeit ist deutlich länger. Außerdem bereiten Krankheiten und Schädlinge dem Gärtner weniger Probleme. Jungpflanzen im Freiland sollten mit Vlies oder Folientunneln vor Schädlingen und Kälte geschützt werden.

Anbau und Ernte

Aussaat/Pflanzung. Für den Anbau unter Dach empfehlen sich spezielle Gewächshaussorten wie 'Corinto', die wüchsig und ertragreich sind. Im Gewächshaus werden Gurken meist beschnitten, um ihr Wachstum zu regulieren. Weil dabei Blüten verloren gehen, sollten Sie parthenokarpe Sorten pflanzen, die auch ohne Bestäubung Früchte bilden (siehe Kasten Seite 163).

Bringen Sie die notwendigen Stützkonstruktionen vor der Pflanzung an. Informationen zu verschiedenen Möglichkeiten finden Sie auf Seite 165.

Gurken können direkt gesät oder vorgezogen werden. Gesät wird im Haus etwa 2–3 Wochen vor dem letzten Frost im Frühjahr. Die Sämlinge müssen abgehärtet werden und können 1–2 Wochen nach dem letzten Frost ins Beet gepflanzt werden. Für die Pflanzung im Folientunnel oder ungeheizten Gewächshaus kann schon 4 Wochen vor dem letzten Frost gesät werden. Gurken sind kälteempfindlich und sollten erst gesät ausgepflanzt werden, wenn sich der Boden auf 18 °C erwärmt hat. Das ist meist 1–2 Wochen nach dem letzten Frühjahrsfrost der Fall. Weil Gurken so empfindlich sind, pflanze ich sie auch ins Gewächshaus erst um den Termin des

Das Liebesleben der Gurken

Beim Blättern in Saatgutkatalogen werden Sie feststellen, dass man zwischen «Freilandsorten» und «Gewächshaussorten» unterscheidet. Der Unterschied liegt in der Anzahl der männlichen und weiblichen Blüten und darin, ob zur Fruchtbildung eine Bestäubung notwendig ist.

Freilandgurken. Diese Gurken tragen männliche und weibliche Blüten. Zur Fruchtbildung müssen Insekten den Pollen von den männlichen Blüten auf die weiblichen Blüten (erkennbar am kleinen Fruchtknoten unter den Kronblättern) transportieren. Solche Pflanzen nennt man monözisch oder einhäusig. Sie tragen meist wesentlich mehr männliche Blüten als weibliche, damit die Bestäubung gewährleistet ist. Sie können auch unter Dach angebaut werden, allerdings muss man tagsüber die Folie hochrollen oder die Fenster öffnen, damit Insekten Zugang zu den Blüten haben.

Gewächshausgurken. Diese Sorten sind entweder gynözisch (d. h. tragen mehr weibliche Blüten als männliche) oder parthenokarp (d. h. bilden ohne Bestäubung Früchte).

Wegen der hohen Zahl weiblicher Blüten bilden gynözische Pflanzen über einen relativ kurzen Zeitraum zahlreiche Früchte. Um eine gute Bestäubung zu sichern und für ausreichend männliche Blüten zu sorgen, sind in solchen Samentüten oft einige Samen für monözische Sorten enthalten. Diese sind häufig eingefärbt, damit man sie besser erkennen kann.

Die meisten Gewächshaussorten sind parthenokarp. Die Früchte haben keine Kerne, es sei denn, man pflanzt sie zusammen mit anderen Sorten und die weiblichen Blüten werden bestäubt. Wer kernlose Gurken wünscht, sollte nur parthenokarpe Sorten im Gewächshaus anbauen, sie von anderen Sorten isolieren und dafür sorgen, dass keine Bestäuber Zugang haben.

letzten Frosts. Wenn Ende Mai doch noch einmal Nachtfrost auftritt, könnten sie sonst Schaden nehmen, von dem sie sich nur langsam wieder erholen. Vor der Pflanzung sollte der Boden mit reichlich Kompost oder verrottetem Stallmist angereichert werden. Zusätzlich kann ein biologisches Düngergranulat verabreicht werden.

Im Freiland legt man meist 4–5 Samen in kleine Erdhügel und erlaubt den Pflanzen, sich auszubreiten. Ich ziehe Freilandgurken meist an Spalieren oder in Tunneln, buschig wachsende Sorten auch in Käfigen. Wenn die Pflanzen in die Höhe klettern können, lassen sich Insektenbefall und Krankheiten am besten vermeiden, und die Luftzirkulation wird gefördert. Die Abstände sollten in diesem Fall 30–45 cm betragen, und die Kletterhilfen sollten vor der Aussaat oder Pflanzung aufgestellt werden. Wenn die Pflanzen bereits wachsen, können sie beim Errichten von Spalieren leicht beschädigt werden.

Bei der Direktsaat von Gewächshausgurken empfehle ich Abstände von 15 cm, später wird auf 45 cm ausgedünnt. Jungpflanzen werden gleich mit Abständen von 45 cm gesetzt. Säen oder pflanzen Sie 3–4 Wochen nach den ersten Gurken nochmals, um bis in den Spätsommer und Herbst hinein ernten zu können.

Kultur. Gurken brauchen Wärme und wachsen schnell. Sie brauchen viel Wasser, um gesund zu wachsen.

Bei großfrüchtigen Gurken sollte man in den unteren 60 cm alle Blätter und Blüten entfernen. So steckt die Jungpflanze ihre Energie zunächst ins Längenwachstum, die Fruchtbildung setzt später ein, und der Ertrag wird insgesamt höher ausfallen. Für Einlege- und Snackgurken ist diese Maßnahme nicht notwendig.

Schneiden und anbinden. Kontrollieren Sie mindestens einmal wöchentlich, ob Seitentriebe abgeknipst oder Ranken angebunden werden

'SAIKÓ'
'SALADIN'
ARMENISCHE GURKEN
'BOOTHBY BLONDE'
MEXIKANISCHE MINIGURKEN
'LEMON'
ANGURIAGURKEN

müssen. Gurken werden beschnitten, damit sie kontinuierlich gute Erträge abwerfen. An jedem Knoten trägt die Pflanze ein Blatt, eine Halteranke und eine Blüte. Hier werden auch die Seitentriebe gebildet. Lassen Sie den Haupttrieb wachsen, aber knipsen Sie alle Seitentriebe regelmäßig mit den Fingernägeln ab.

Wenn der Haupttrieb das obere Ende der Kletterhilfe erreicht hat, entfernen Sie seine Spitze. Lassen Sie dabei mindestens zwei seitliche Knospen stehen. Hier bilden sich Nebentriebe, die herabhängen. So erhalten Sie neben dem Haupttrieb zwei weitere Triebe, die Früchte tragen. Auch von den beiden Nebentrieben sollten die Seitentriebe regelmäßig abgeknipst werden.

Die Pflanzen alle 2–3 Wochen mit einem biologischen Flüssigdünger versorgen und Tunnel oder Gewächshaus oft lüften, um die Luftzirkulation zu fördern. Regelmäßig auf Krankheiten und Schädlinge kontrollieren.

Ernte. Die Früchte regelmäßig ernten, wenn sie die optimale Größe erreicht haben (Angaben dazu auf der Samentüte). Überreife Früchte nicht hängen lassen, denn dadurch bekommt die Pflanze das Signal, die Fruchtbildung einzustellen. Die Früchte nicht abreißen oder abdrehen, sondern abschneiden.

SEITENTRIEBE ABKNIPSEN

Kletterhilfen für Gurken

Die meisten Gurkensorten bilden kräftige, lange Triebe. Im Garten kann man sie am Boden wachsen lassen, das ist aber im Gewächshaus nicht ratsam. An Spalieren und anderen Kletterhilfen brauchen die Pflanzen weniger Platz und bleiben gesünder.

Im Gewächshaus oder Foliengewächshaus gibt es verschiedene Möglichkeiten, Gurken in die Höhe zu ziehen. Die gebräuchlichsten sind Netze oder Drähte mit Schnüren.

Netze. Wenn Sie monözische Freilandgurken im Gewächshaus ziehen und mehrtriebig wachsen lassen möchten, können Sie ihnen mit einem Netz aus Nylon, Plastik oder Metall Halt geben. Verwenden Sie stabile Pfosten aus Holz oder Metall, oder befestigen Sie das Netz sicher mit Schrauben oder Klammern an einer Giebelseite des Gewächshauses. Die Maschen des Netzes sollten 7,5–10 cm groß sein. In kleinere Maschen können die Früchte einwachsen.

Draht und Schnur. Gynözische oder parthenokarpe Gurken werden meist an Schnüren gezogen und bis auf den Haupttrieb zurückgeschnitten. Für diese Kletterhilfe wird ein stabiler Draht (ich verwende Zaundraht) an den Dachträgern entlang gespannt und an beiden Giebelseiten befestigt. An den Draht werden Schnüre geknotet, die über den Sämlingen herabhängen. Jede Schnur mit einem Pflanzenclip an einer Jungpflanze befestigen oder locker um deren Stiel knoten. Wenn die Pflanze wächst, windet sie sich im Uhrzeigersinn um die Schnur herum.

Schutzmaßnahmen

FRÜHER ERNTEN IM FRÜHJAHR

Mulchfolie und Folientunnel. Den Boden mit transparenter oder schwarzer Folie (siehe Seite 92) vorwärmen und über den Beeten Folientunnel aufstellen, um 1–2 Wochen früher pflanzen zu können.

KURZZEITIGER FROSTSCHUTZ

Vlies/Glocken. Im Freiland müssen Jungpflanzen eventuell mit Vlies oder Glocken vor Kälte geschützt werden. Glocken unbedingt tagsüber abnehmen, um einen Hitzestau zu vermeiden.

Folientunnel. Falls unerwartet Frost droht, kann man schnell einen Folientunnel über einem Beet mit jungen Gurkenpflanzen errichten. Regelmäßig lüften und abnehmen, wenn sich das Wetter zuverlässig erwärmt hat.

SCHUTZ VOR SCHÄDLINGEN

Vlies. Leichtes Vlies beugt dem Befall durch Gurkenkäfer und andere Schädlinge vor. Abnehmen, wenn die Pflanzen zu blühen beginnen, damit Bestäuber Zugang haben.

BLATTFLECKENKRANKHEIT

Mexikanische Minigurken & Anguriagurken

Mexikanische Minigurken und Anguriagurken stehen in unserer Familie hoch im Kurs. Da beide ursprünglich aus Regionen mit heißem Klima stammen, gedeihen sie bei uns im kühlen Norden am besten im Gewächshaus. Im Freiland würden die Erträge mager ausfallen.

Aussaat/Pflanzung. Ich säe mexikanische Minigurken und Anguriagurken 6 Wochen vor dem letzten Frost im Haus vor und ziehe die Sämlinge in 10-cm-Töpfen unter Wachstumsleuchten heran. Für die Pflanzung im Gewächshaus säe ich noch eine oder zwei Wochen früher.

Die Jungpflanzen nach dem letzten Frost an einen sonnigen, geschützten Platz im Freiland setzen, am besten vorher reichlich Kompost oder abgelagerten Stallmist unterarbeiten. Beide Pflanzen bilden lange Ranken und gedeihen gut an einem Spalier oder an einem Netz, wie man es auch für Erbsen verwendet.

Kultur. Wenn sich in den ersten Wochen nach der Aussaat nichts tut: Ruhig bleiben! Das ist normal. Die Pflanzen brauchen sommerliche Wärme, um kräftig zu wachsen. Dann kann man fast zuschauen, wie sie ihre Kletterhilfen erobern. Regelmäßig gießen und mit Stroh mulchen, damit sich kein Unkraut breitmacht.

Ernte. Mexikanische Minigurken sind mit 2,5 cm Länge erntereif. Ernten Sie regelmäßig, und lassen Sie erst im Herbst einige Früchte an den Pflanzen, falls Sie Samen gewinnen möchten. Ältere Früchte schmecken säuerlich. Lässt man sie hängen, stellt die Pflanze die Fruchtbildung ein.

Anguriagurken werden geerntet, wenn sie Hühner- bis Gänseeigröße haben. Regelmäßig ernten, überreife Früchte abnehmen und kompostieren. Die kleinen Stacheln sind weich. Die Früchte müssen vor dem Verzehr nicht geschält werden.

Schutz. Pflanzen im Freiland mit Vlies abdecken, wenn es im Spätfrühjahr kalt wird. Im Gewächshaus ist die Erntezeit etwa einen Monat länger und dauert bis in den Herbst hinein.

AUBERGINEN

Auberginen brauchen viel Wärme und sind darum gerade in Regionen mit kurzer Saison ideal für den Anbau unter Dach. An einem geschützten Standort kann man früher und obendrein länger ernten. Wer in kühleren Gegenden lebt, wird normalerweise mit kleinfrüchtigen Sorten wie 'Swallow', 'Patio Baby' und 'Ping Tung' die besten Erfolge erzielen.

Anbau und Ernte

Aussaat/Pflanzung. Auberginen im Haus 8–10 Wochen vor dem letzten Frost aussäen. Wärme von unten begünstigt und beschleunigt die Keimung. Wenn die Sämlinge 3 Wochen alt sind, können sie in 10-cm-Töpfe gepflanzt werden. 1–2 Wochen vor dem letzten Frost werden sie abgehärtet und ins Gewächshaus gepflanzt. Dann sind sie etwa 25 cm hoch, und die ersten Blütenknospen beginnen sich zu bilden. Bereiten Sie den Boden gut vor, indem Sie gelagerten Stallmist und biologisches Düngergranulat unterarbeiten.

Kultur. Die Pflanzen mit 60 cm Abstand pflanzen und mit Stroh mulchen. Unter Dach die Temperatur überwachen und häufig lüften. Die ideale Tagestemperatur für Auberginen liegt bei 27–29 °C, nachts sollte die Temperatur bei 17–22 °C liegen.

Auberginen haben spröde Triebe, die unter der Last der Früchte abbrechen können. Darum sollten sie mit Stäben, Tomatenkäfigen oder – im Gewächshaus – mit Schnüren stabilisiert werden. Die Schnüre werden an die Dachträger gebunden, locker um den Haupttrieb der jungen Pflanze geknotet und um die Pflanze gewunden, wenn sie wächst. Wichtig ist, dabei immer dieselbe Richtung einzuhalten, sonst kann die Schnur sich lösen. Sie können die Pflanzen auch mit Clips an der Schnur befestigen (siehe Foto Seite 34).

Kommerziell angebaute Auberginen werden beschnitten, um den Ertrag zu steigern und die Luftzirkulation zu verbessern. Dadurch wird auch das Krankheitsrisiko gesenkt. Ich lasse meist den Seitentrieb unter den ersten Blüten wachsen, sodass meine Pflanzen zwei Triebe haben. Alle anderen Triebe knipse ich ab. Warten Sie, bis sich Blütenknospen gebildet haben, und knipsen Sie die Seitentriebe dann über diesen ab.

Sinnvoll ist es, die Blätter unter der untersten Frucht zu entfernen. Sie werden schnell gelb und können dann die Ausbreitung von Krankheiten begünstigen. Wenn es im Herbst kühl wird, alle Blüten abknipsen, damit die Pflanze ihre Energie in die Fruchtreifung steckt.

Ernte. Ernten Sie Auberginen, wenn die Früchte jung sind und glänzen. Überreife Früchte haben eine matte Haut, Kerne und einen bitteren

Sorten für das Gewächshaus

Theoretisch kann man alle Auberginensorten im Gewächshaus anbauen. Es gibt aber auch spezielle Gewächshaussorten, die Temperaturschwankungen besser verkraften. Diese Sorten wachsen höher und weniger buschig, lassen sich also besser anbinden.

Ein weiterer Vorteil von Gewächshaussorten wie 'Angela' ist, dass sie keine Stacheln haben. Ich habe mich schon oft an den Stacheln an den Stielen und Blütenkelchen verletzt und finde es großartig, ohne Schrammen ernten zu können.

Geschmack. Die Früchte mit einem Messer oder einer Rosenschere abschneiden, dabei ein Stück des Stiels an der Pflanze stehen lassen. Ziehen Sie Handschuhe an, um sich nicht an den Stacheln an Stiel und Blütenkelch zu verletzen.

Schutzmaßnahmen

DEN BODEN ERWÄRMEN

Mulchfolie und Folientunnel. Wer Auberginen ins Freiland pflanzen will, sollte zwei Wochen vorher Mulchfolie ausbreiten oder Folientunnel aufstellen, damit sich der Boden erwärmt. Davon profitieren die Jungpflanzen in ihren ersten Wochen. Die Enden von Folientunneln täglich zum Lüften öffnen. Die Abdeckung ganz abnehmen, wenn das Wetter stabil ist und die Temperaturen zuverlässig über 17 °C liegen.

KURZZEITIGER FROSTSCHUTZ

Glocken. Nach der Pflanzung können junge Auberginenpflanzen mit Glocken vor Kälte geschützt werden. Ich setze sie oft nachts im Gewächshaus ein, wo es im Spätfrühling noch recht kalt werden kann. Tagsüber werden die Glocken zum Lüften abgenommen oder angehoben.

SCHUTZ VOR SCHÄDLINGEN

Fliegengitter/Vlies. Wer Probleme mit Flohkäfern hat, sollte frisch gepflanzte Auberginen mit Vlies oder Fliegengitter abdecken. Es kann direkt auf die Pflanzen oder auf Bögen gelegt werden.

DIE SAISON VERLÄNGERN

Foliengewächshaus/Gewächshaus/Kuppel. Weil Auberginen eine lange Kulturzeit haben, kann man in nördlichen Regionen eigentlich nur im Gewächshaus eine Ernte erwarten.

ENDIVIE

Endivie ist ein Salatgemüse für die kühleren Jahreszeiten, eignet sich also vor allem für den Anbau im Frühling, Herbst und Winter. Die leuchtend grünen, gewellten Blätter sehen ähnlich aus wie Kopfsalat, haben aber nicht denselben mild-süßlichen Geschmack. Endivie schmeckt zartbitter und passt hervorragend zu Käse, Nüssen und einem sahnigen Dressing.

Anbau und Ernte

Aussaat/Pflanzung. Endivie kann ins Freiland in ein Beet in voller Sonne mit angereichertem Boden gesät oder gepflanzt werden. Unter Dach säe ich sie im Frühjahr direkt in den Boden. Die ersten Samen lege ich 10–12 Wochen vor dem letzten Frost ins Frühbeet oder Foliengewächshaus, dann plane ich alle 2–3 Wochen Folgesaaten ein.

Für die Herbsternte ziehe ich die Pflanzen im Hochsommer bis Spätsommer in Treibhaus vor, weil es dann draußen zu heiß und trocken ist. Bei Temperaturen über 25 °C keimen die Samen nur schlecht. Die Jungpflanzen stehen einige Wochen unter Wachstumsleuchten und ziehen dann von Spätsommer bis Mitte Herbst in Frühbeete, Folientunnel und Gewächshaus um.

Bei den Endivien unterscheidet man zwischen den glattblättrigen und den krausblättrigen Sorten. Krausblättrige Endivie oder Frisée schmeckt bitterer als die glattblättrigen Sorten.

Kultur. Den Boden gleichmäßig feucht halten. Im Frühjahr gesäte Pflanzen für Mini-Köpfe auf Abstände von 10–15 cm ausdünnen, für Köpfe normaler Größe auf 30 cm. Die ausgezupften Jungpflanzen kann man essen.

Endivien schmecken weniger bitter, wenn man die Köpfe bleicht. Das gelingt am einfachsten, indem man einen Tonblumentopf über die Pflanze stülpt oder die äußeren Blätter hochnimmt und mit einem Gummiband zusammenhält. 1–2 Wochen später können die Köpfe geerntet werden.

Ernte. Mini-Salat kann geerntet werden, wenn die Blätter 7,5–15 cm lang sind. Schneidet man nur die äußeren Blätter, wächst die Pflanze weiter und man kann mehrmals ernten. Ausgewachsene Köpfe schneidet man knapp über der Erde ab.

Schutzmaßnahmen

FROSTSCHUTZ

Vlies. Im Frühling und Herbst können Endivien mit leichtem oder mittlerem Vlies vor Frost geschützt werden. In kühleren Zonen empfiehlt es sich, Winterendivien im Gewächshaus mit einer Lage Vlies zusätzlich zu schützen.

BLÜTENBILDUNG VERZÖGERN

Schattiergewebe. Wie Kopfsalat schießt auch Endivie, die im Frühjahr gesät wurde, bei Hitze leicht in Saat. Das lässt sich verzögern, indem man Bögen aufstellt und Schattiergewebe darüber ausbreitet.

DIE SAISON VERLÄNGERN

Folientunnel. Schützt man Freilandendivien ab dem mittleren oder späten Herbst mit Folientunneln, kann man mindestens 10–12 Wochen länger ernten.

Frühbeet/Gewächshaus/Kuppel. In begehbaren Bauten kann man Endivien 10–12 Wochen vor dem letzten Frost im Frühjahr und 4–6 Wochen vor dem ersten Frost im Herbst säen. Jungpflanzen können etwa 4 Wochen vor dem letzten Frost gepflanzt werden.

FENCHEL

Fenchel wird auch als Knollenfenchel bezeichnet, tatsächlich handelt es sich aber nicht um eine Knolle, sondern um den angeschwollenen unteren Teil des Sprosses. Fenchel ist knackig und hat ein süßliches Aroma mit feiner Anisnote. Auch die fein gefiederten Blätter sind essbar.

Anbau und Ernte

Aussaat/Pflanzung. Fenchel ist unkompliziert, vor allem, wenn er für die Herbsternte kultiviert wird. Er bevorzugt die kürzeren, kühleren Herbsttage. Sie können Jungpflanzen kaufen oder selbst im Spätfrühjahr und Frühsommer vorziehen und etwa 4–6 Wochen nach dem Auflaufen mit 15 cm großen Abständen in den Garten umpflanzen. Dabei ist Vorsicht geboten, denn Verletzungen der Wurzeln können bewirken, dass die Pflanzen verfrüht Blüten bilden. Die Direktsaat hat bei mir wenig Aussichten, weil auch Schnecken die jungen Sämlinge lieben.

Kultur. Fenchel braucht volle Sonne und nährstoffreichen Boden mit gutem Wasserhaltevermögen. Vor der Pflanzung Kompost oder abgelagerten Stallmist unterarbeiten. Bei Trockenheit neigt Fenchel zum Schießen, darum sollte mit Stroh gemulcht werden, um die Verdunstung von Bodenfeuchtigkeit zu verringern. Wenn sich die «Knollen» runden, die Pflanzen etwas anhäufeln, damit sie nicht umkippen.

Ernte. Fenchel kann in jeder Größe geerntet werden. Ich warte meist, bis die Knollen 5–7,5 cm Durchmesser haben. Manchmal wachsen dann aus der Wurzel kleinere Knollen nach. Sie können auch einige Pflanzen blühen lassen, um die aromatischen Samen zu ernten. Wir verwenden sie für Tee, sie sind aber auch als Gewürz zum Kochen und Backen beliebt. Die Samenstände abschneiden, wenn sie braun werden, und in eine Papiertüte legen. Wenn sie getrocknet sind, kann man die Samen einfach abschütteln. Dann die Spreu aussortieren und die Samen in Gläsern aufbewahren.

Schutzmaßnahmen

ERNTEN BIS IN DEN WINTER

Folientunnel. Tunnelbögen mit einer Abdeckung aus Vlies schützen Fenchel in den ersten Herbstwochen. Stellt man in der Herbstmitte einen Folientunnel auf, kann man 6–8 Wochen länger ernten.

Foliengewächshaus/Gewächshaus/Kuppel. In begehbare Konstruktionen können Fenchelsämlinge im Früh- bis Hochsommer gepflanzt werden. Mit Stroh mulchen und regelmäßig bewässern, damit die Knollen knackig werden. Im Gewächshaus verlängert sich die Erntesaison um etwa 8 Wochen oder sogar mehr, wenn man die Pflanzen zusätzlich mit einem Tunnel mit Folie oder Vlies schützt.

GRÜNKOHL & BLATTKOHL

Grünkohl und Blattkohl können rund ums Jahr angebaut werden. Sie sind weniger anfällig für Schädlinge und Krankheiten als andere Kohlarten. Bei uns im Garten oder Gewächshaus gibt es fast täglich Pflanzen, die geerntet werden können.

Anbau und Ernte

Aussaat/Pflanzung. Der Anbau hängt von der gewünschten Verwendung ab. Wenn Sie junge, zarte Blätter für Salate ernten möchten, können Sie unter einem Schutz jederzeit von Spätwinter bis Mitte Frühjahr relativ dicht direkt in den Boden säen. Dasselbe wiederhole ich im frühen oder mittleren Herbst, um im Winter kleine Blätter zu ernten. Auch für ausgewachsene Pflanzen kann direkt gesät werden. Wegen der Schnecken ziehe ich die Pflanzen aber im Haus vor und pflanze sie 4–6 Wochen später in den Garten.

Die Direktsaat kann in Frühbeeten oder Folientunneln 6–8 Wochen vor dem letzten Frost im Frühling oder im Gewächshaus 8–10 Wochen vor dem ersten Frost im Herbst erfolgen. Für ausgewachsene Pflanzen die Samen in Abständen von 10 cm legen und später auf 30–45 cm ausdünnen (ausgezupfte Jungpflanzen essen!). Um ganz junge Blätter zu ernten, säe ich viel dichter. Ich streue die Samen einfach ins Beet. Wer es genauer nimmt, kann sie in Abständen von 2,5–5 cm rasterartig anordnen.

Für die Ernte im Herbst und Winter wird 14–16 Wochen vor dem ersten Frost im Haus ausgesät. 4–6 Wochen später können die Pflanzen abgehärtet und ausgepflanzt werden. Alternativ können Sie 12–14 Wochen vor dem ersten Frost direkt in die Beete säen und anschließend Folientunnel aufstellen.

Baby-Grünkohl kann schon einen Monat nach der Aussaat geerntet werden. Für eine fortlaufende Versorgung empfiehlt es sich, ab Spätsommer alle 3–4 Wochen Folgesaaten im Gewächshaus oder Frühbeet zu legen.

Kultur. Maßgeblich für eine hohe Erntequalität ist eine gleichmäßige Wasserversorgung. Verlegen Sie Tropfschläuche, gießen Sie häufig und verteilen Sie Mulch, um die Verdunstung zu hemmen.

Ernte. Grünkohl und Blattkohl können jederzeit geerntet werden, wenn die Blätter die gewünschte Größe haben. Wenn Sie nur die äußeren Blätter abschneiden, wächst die Pflanze weiter und bildet neue Blätter. Grünkohl schmeckt meist nach einigen Frostnächten am besten.

Einige überwinterte Kohlpflanzen lasse ich im Frühling blühen. Das freut die Bienen. Außerdem sind die Blütenknospen, die wie kleine Brokkoliröschen aussehen, und die gelben Blüten essbar.

Die besten Sorten

Grünkohl ist außerordentlich kälteverträglich, einige Sorten tolerieren sogar Temperaturen bis −23 °C. Die Sortenwahl hängt davon ab, wann und wie Sie das Gemüse verwenden wollen. Manche Sorten wie 'Winterbor' (der Name lässt es ahnen) vertragen viel Kälte, andere wie 'Lacinato' (Foto rechts) sind weniger frosttolerant. Lesen Sie die Beschreibungen in den Saatgutkatalogen genau, um die richtigen Sorten für Ihren Zweck zu wählen.

Blattkohl ist nicht ganz so frosthart, seine Kältetoleranz ähnelt der von 'Lacinato'-Grünkohl. Aber er verträgt auch Hitze gut. Darum ist er in südlichen Ländern so beliebt. Sorten mit guter Winterhärte sind 'Champion' (bis −9 °C) oder 'Even Star Land Race' (bis −14 °C).

Schutzmaßnahmen

SCHUTZ VOR SCHÄDLINGEN

Fliegengitter/Vlies. Frisch gesetzte Jungpflanzen sofort mit Vlies oder Fliegengitter abdecken, sonst fressen sich Kohlweißling-Raupen und andere Larven an ihnen satt.

KURZZEITIGER FROSTSCHUTZ

Vlies. Im zeitigen Frühjahr und Spätherbst junge Pflanzen mit Vlies vor Frost schützen. Nicht direkt auf die Blätter legen, sonst kann das Vlies festfrieren und sie beschädigen.

DIE SAISON VERLÄNGERN

Glocken. Reife Grünkohlpflanzen kann man mit einfachen Glocken Marke Eigenbau schützen: Einen großen Tomatenkäfig über die Pflanze stellen und einen robusten Müllsack darüber ziehen. Den Sack mit Clips am Gestell befestigen oder die Ränder mit Steinen oder Holzscheiten beschweren.

Frühbeet. Die meisten Grünkohlsorten werden 60–120 cm hoch. Das ist für meine Frühbeete zu viel, darum baue ich temporäre Frühbeete aus Strohballen. Für gängige Frühbeete eignen sich niedrige Grünkohlsorten wie 'Dwarf Blue Curled Scotch', der nur 35 cm hoch wird.

Folientunnel. Folientunnel sind praktisch, um schon von März bis Mai ernten zu können oder um an Ende der Saison ausgewachsene Pflanzen zu überwintern. Die meisten handelsüblichen Tunnel sind für gängige Grünkohlsorten hoch genug.

Foliengewächshaus/Gewächshaus/Kuppel. Weil Grünkohl und Blattkohl Kälte gut verträgt, pflanze ich ihn ins Freiland und nutze den Platz im Gewächshaus lieber für empfindlicheres Gemüse. Allerdings säe ich schon früh im Spätwinter immer einige Reihen, die wir als Baby-Grünkohl für Salate ernten.

KOPFSALAT

Kopfsalat mag es kühl und gedeiht darum am besten im Frühling und Herbst. Es gibt aber außerdem kälteverträgliche Sorten, die man im Frühbeet oder Folientunnel ziehen kann. Bei Hitze schießt er schnell in Saat, aber in nördlichen Regionen kann man schussfeste Sorten wie 'Coastal Star', 'Jericho' oder 'New Red Fire' unter Schattiergewebe auch im Sommer anbauen.

Anbau und Ernte

Aussaat/Pflanzung. Wer ganz jungen Salat oder einzelne Blätter ernten will, kann die Samen in einem 30 cm breiten Streifen ausstreuen, wobei die Abstände etwa 2,5 cm betragen sollten. Beim Ernten wird automatisch ausgedünnt. Streben Sie dabei an, letztlich Abstände von 15 cm zu erreichen. Ich mag Abwechslung in Farbe und Konsistenz, darum säe ich verschiedene Sorten nebeneinander. Für ganze Köpfe legt man die Samen alle 7,5 cm in Reihen mit 30 cm Abstand und dünnt später auf 15 cm aus. Bei Sorten wie 'Red Sails', die große Köpfe bilden, sind Abstände von 30 cm ratsam. Um fortlaufend Salat von hoher Qualität zu ernten, sollten Sie vom zeitigen bis mittleren Frühjahr und wieder ab Spätsommer bis Mitte Herbst alle 2–3 Wochen Folgesaaten legen.

Im Frühbeet und Foliengewächshaus säe ich den ersten Kopfsalat schon Anfang März, und, wenn sich das Wetter ausreichend erwärmt hat, kann auch ins Freiland gesät werden. Diese frühen Saaten versorgen uns einige Wochen lang täglich.

Wer Salat im Haus vorzieht, gewinnt einen Zeitvorsprung. Die Jungpflanzen finden überall Platz, auch in Pflanztöpfen an den Beeträndern. Kopfsalat ist wenig anfällig für bodenbürtige

Ich habe kürzlich 'Salanova'-Salat entdeckt, der Hitze und Kälte gut verträgt. Ihn kann ich ganzjährig aus offenen Gartenbeeten, Frühbeeten und dem Gewächshaus ernten.

Krankheiten, darum kann er ohne Rücksicht auf die Fruchtfolge überall dort gepflanzt werden, wo eine Lücke frei ist.

Kultur. Kopfsalat bevorzugt volle Sonne, wächst aber vor allem im Sommer auch gut im Halbschatten. Optimale Standortbedingungen sorgen für gute Qualität. Dazu gehören gleichmäßige Feuchtigkeit, kühle Temperaturen und eine konstante Versorgung mit Nährstoffen. Arbeiten Sie vor der Aussaat oder Pflanzung organische Substanz unter, und halten Sie den Boden vor allem nach dem Säen oder Auspflanzen feucht. Schnecken können von Hand abgesammelt werden, Blattläuse lassen sich mit einem harten Wasserstrahl abspülen.

Ernte. Baby-Salat kann geerntet werden, wenn die Blätter etwa 7,5 cm lang sind. Ich knipse die äußeren Blätter ab, man kann aber auch den ganzen Kopf 2,5 cm über dem Boden abschneiden. Dann treibt er wie Schnittsalat noch einige Male wieder aus. Größere Köpfe werden geerntet, wenn sie das gewünschte Format erreicht haben. Warten Sie nicht zu lange, denn Salat kann binnen weniger Tage Blüten bilden und bitter werden.

Schutzmaßnahmen

FRÜHER ERNTEN IM FRÜHJAHR

Folientunnel. Kopfsalat kann 8 Wochen vor dem letzten Frost gesät werden.

Frühbeet. Säen Sie 8–10 Wochen vor dem letzten Frost im Frühjahr.

Foliengewächshaus/Gewächshaus/Kuppel. Hier kann sogar 10–12 Wochen vor dem letzten Frost im Frühjahr gesät werden.

BLÜTE VERZÖGERN

Schattiergewebe. Kopfsalat bevorzugt kühle Temperaturen und feuchten Boden. Wenn es im Sommer heiß wird, bildet er schnell Blüten und wird bitter. Mit Schattiergewebe lässt sich die Blütenbildung um mehrere Wochen hinauszögern.

SCHUTZ DER PFLANZEN

Vlies. Leichtes Vlies ist in mehrfacher Hinsicht nützlich. Es schützt junge Pflanzen im Frühjahr vor Kälte und leichtem Frost, und zu anderen Zeiten schützt es vor Vögeln, die die Samen picken, oder vor Kaninchen und anderen Tieren, die sich über die Blätter hermachen.

Folientunnel. Ein Folientunnel ist schnell aufgestellt, um junge Pflanzen zu schützen, wenn Hagel vorhergesagt wird. Ab Frühsommer kann man Schattiergewebe über die Bögen drapieren, um die Blütenbildung hinauszuzögern.

ERNTEN BIS IN DEN WINTER

Folientunnel. Ein Folientunnel ist ideal für die Herbsternte. In ihm können Sie 6 Wochen vor dem ersten Frost im Herbst säen oder Jungpflanzen setzen.

Frühbeet. Säen Sie Kopfsalat 6 Wochen vor dem ersten Frost.

Foliengewächshaus/Gewächshaus/Kuppel. In begehbaren Bauten kann 4–6 Wochen vor dem ersten Frost gesät werden. Für die Winterernte stelle ich Drahtbögen über den Pflanzen auf und decke sie mit leichtem Vlies ab.

Denken Sie daran, dass nicht alle Salatsorten gleichermaßen kälteverträglich sind. Wer bis in den Winter hinein ernten möchte, sollte sich für widerstandsfähige Sorten wie 'North Pole', 'Winter Marvel', 'Winter Density' oder 'Arctic King' entscheiden. Die meisten können den ganzen Winter lang geerntet werden und treiben, wenn die Tage wieder länger werden, noch einmal aus.

FELDSALAT

WINTERPORTULAK

Für grüne Salate

Wer in Frühbeeten oder Folientunnel noch anderes Gemüse für knackige Wintersalate anbauen möchte, sollte unbedingt Feldsalat und Winterportulak kennenlernen.

Feldsalat. Er ist seit Jahren eine feste Größe in unserem Herbst- und Wintergarten. Die Pflanzen bilden kleine Rosetten von 5–10 cm Durchmesser aus löffelförmigen Blättern. Wir schneiden die ganzen Rosetten knapp über dem Boden ab und verwenden sie für Salate. Feldsalat kann im Hoch- und Spätsommer in Beete und Frühbeete gesät werden. Vorsicht: Im Frühjahr bildet er schnell Samen und breitet sich im ganzen Garten aus.

Winterportulak. Dieses Salatgemüse ist relativ unbekannt. Jede Pflanze bildet einen dichten Horst aus kleinen herzförmigen Blättern. Wenn die Pflanzen größer werden, umfassen die Blätter den oberen Stiel, und es erscheinen kleine essbare Blüten. Die winzigen Samen werden im Frühherbst direkt auf die Erdoberfläche in Frühbeeten oder Gewächshausbeeten gesät und nicht mit Erde abgedeckt. Bis zur Keimung feucht halten.

MELONEN & WASSERMELONEN

In einer Region mit kurzer Saison ist es schwierig, Melonen zu kultivieren, zumal sie viel Wärme brauchen. Früh reifende Sorten, kombiniert mit cleveren Schutzmaßnahmen, versprechen den besten Erfolg.

Anbau und Ernte

Aussaat/Pflanzung. Die meisten Melonen muss man im Haus vorziehen, nur armenische Gurken (die tatsächlich keine Gurken sind) bilden eine Ausnahme. Ich ziehe einige im Haus vor, und wenn sie ausgepflanzt werden, säe ich weitere direkt. Dadurch lässt sich das Zeitfenster für die Ernte vergrößern.

Alle anderen Melonen werden im Haus unter Wachstumsleuchten etwa 4 Wochen vor dem geplanten Pflanztermin (oder 2–3 Wochen vor dem letzten Frost) gesät. Wärme von unten regt die Keimung an. Wenn das Wetter stabil ist, können die abgehärteten Sämlinge ins Gewächshaus oder ein sonniges Beet gepflanzt werden. Reichern Sie den Boden vorher mit Kompost oder verrottetem Stallmist an. Zusätzlich könnten Sie ein biologisches Düngergranulat in den Boden einarbeiten.

Die Jungpflanzen sollten erst gepflanzt werden, wenn sich der Boden auf etwa 21 °C erwärmt hat. Ich pflanze sie meist 1–2 Wochen nach dem letzten Frost. Ratsam ist, den Boden bereits vorher mit Mulchfolie zu erwärmen.

Vor allem im Gewächshaus lohnt es sich, Melonen in die Höhe zu ziehen, um Platz zu sparen und um Krankheiten und Schädlingen vorzubeugen. Verwenden Sie stabile Drähte oder Holzspaliere. Die Pflanzabstände sollten 45 cm betragen.

Kultur. Weil konstante Wärme unerlässlich ist, sollten Sie gleich nach dem Pflanzen Bögen aufstellen und mit Vlies oder Folie abdecken.

Tagsüber unbedingt lüften! Unkraut regelmäßig auszupfen oder eine schwarze Mulchfolie verlegen (darunter einen Tropfschlauch zur einfachen Bewässerung), um den Boden warmzuhalten.

Melonen und Wassermelonen tragen separate männliche und weibliche Blüten. Wer möchte, kann Mutter Natur unter die Arme greifen und die Pflanzen von Hand bestäuben. Einfach eine männliche Blüte abzwicken und den Pollen auf eine weibliche Blüte übertragen. Das sollte morgens geschehen, wenn sich die Blüten gerade geöffnet haben, weil dann der Pollen die beste Qualität hat. Öffnen Sie außerdem Fenster und Türen des Gewächshauses, oder rollen Sie die Folie hoch, damit Bestäuber Zugang haben.

Binden Sie die Pflanzen regelmäßig an die Kletterhilfen an, und legen Sie Früchte in Schlingen aus Zwiebelnetzen oder alten Nylonstrumpfhosen. Diese «Hängematten» müssen luft- und wasserdurchlässig sein.

Bewässern Sie die jungen Pflanzen regelmäßig, aber möglichst morgens, damit die Blätter über Nacht nicht nass sind. Melonen tolerieren etwas Trockenheit, aber wenn die Blätter welk werden, leidet die Pflanze an Stress. Gießen Sie nicht zu häufig, aber dafür durchdringend.

Die Frage, ob man Melonenpflanzen beschneiden soll, ist umstritten. Der Schnitt fördert die Gesundheit der Pflanze und bewirkt, dass sie weniger, aber größere Früchte trägt. Die Blätter produzieren Zucker. Je mehr Blätter die Pflanze trägt, desto süßer schmecken die Früchte. Ich knipse die Triebspitzen ab, wenn einige Fruchtansätze zu sehen sind. Und weil die Saison bei uns so kurz ist, knipse ich auch Früchte ab, die nach Ende August gebildet werden. Sie reifen vor dem Winter nicht heran, und wenn sie an der Pflanze bleiben, werden die Melonen, die ich ernten will, weniger süß.

Ernte. Wenn der Erntetermin näher rückt, sollte das Gießen eingeschränkt werden. In den letzten 7–10 Tagen vor der Ernte kaum noch gießen, sonst kann das Aroma verwässert werden.

Es ist schwer zu erkennen, wann eine Melone reif ist. Die oft empfohlene Klopfprobe ist nicht verlässlich. Orientieren Sie sich an der Angabe auf der Samentüte. Ein sicheres Anzeichen ist es auch, wenn die Melone ihre endgültige Farbe bekommt. Ich drücke vorsichtig gegen den Stängelansatz der Frucht. Wenn sie sich leicht löst, ist sie reif. Wassermelonen sind meist reif, wenn die Ranke, die der Frucht am nächsten liegt, vertrocknet ist, und wenn der Teil der Frucht, der auf dem Boden liegt, gelb ist. Dann kann die Frucht abgeschnitten (nicht abgerissen!) werden.

Schutzmaßnahmen

FROST UND SCHÄDLINGE

Vlies. Schützt junge Pflanzen vor Kälte und Insekten.

Glocken. Glocken können als Kälte- und Wetterschutz über einzelne Pflanzen gestülpt werden. Tagsüber zur Belüftung abnehmen.

MEHR WÄRME

Folientunnel. Vor Aussaat oder Pflanzung die Beete mit Folientunneln oder Mulchfolie erwärmen. Melonen brauchen Wärme, darum sollten Tunnel einige Wochen stehen bleiben, um die Jungpflanzen vor Kälte und schlechtem Wetter zu schützen. Häufig lüften.

Foliengewächshaus/Gewächshaus/Kuppel. Vor allem in Gegenden mit kurzer Saison ist ein Gewächshaus die beste Wahl für den Anbau wärmeliebender Melonen.

Wer kernlose Wassermelonen wählt, muss auch eine Sorte mit Kernen pflanzen, damit die Bestäubung stattfinden kann. Meist sind solche Samen in den Tüten für kernlose Sorten enthalten.

PASTINAKEN

Wer Pastinaken anbaut, braucht Geduld, kann sich aber im Herbst und Winter auf köstlich-süße Wurzeln freuen. Wie Möhren schmecken auch Pastinaken nach einigen Herbstfrösten süßer. Sie werden ähnlich kultiviert wie Möhren, aber ihre Kulturdauer ist fast doppelt so lang.

Anbau und Ernte

Aussaat/Pflanzung. Eine gute Pastinakenernte beginnt mit der Saat. Im Gegensatz zu anderen Gemüsearten bleiben Pastinakensamen nicht über mehrere Jahre keimfähig. Das Beet wie für Möhren vorbereiten: Den Boden lockern, Unkraut und Steine entfernen und etwas Kompost unterarbeiten. Die optimale Bodentemperatur für die Keimung liegt bei 15 °C, die Saatabstände betragen 2,5 cm, die Reihenabstände 45 cm. In den ersten 2–3 Wochen bis zur Keimung muss der Boden gleichmäßig feucht gehalten werden. Wenn die Pflanzen 10–12 cm hoch sind, werden sie auf Abstände von 7,5 cm ausgedünnt.

Kultur. Unkraut regelmäßig entfernen und die Pastinaken anhäufeln, wenn sich ihre Schultern aus der Erde schieben. Den Boden gleichmäßig feucht halten. Pastinakenblätter enthalten einen Stoff, der vor allem an sonnigen Tagen Hautreizungen verursachen kann. Wer empfindliche Haut hat, sollte sie nicht berühren.

Ernte. Wir ernten Pastinaken frühestens um Weihnachten, wenn einige Frostnächte ihnen einen süßen Geschmack gegeben haben. Die Wurzeln mit einer Grabgabel *vorsichtig* aus dem Boden heben – sie brechen leicht. Wir ernten jeweils nach Bedarf und lassen die übrigen Wurzeln im Boden, damit sie schön süßlich werden. Die letzten werden ausgegraben, bevor sie im Frühjahr neu austreiben.

Schutzmaßnahmen

ERNTEN BIS IN DEN WINTER

Mulch. In vielen Regionen lässt sich die Pastinakenernte verlängern, indem man die Beete im Freiland im Spätherbst mit einer 30–45 cm dicken Schicht aus Stroh oder zerkleinerten Blättern mulcht, damit der Boden nicht gefriert. Darüber ein altes Vlies oder anderen Stoff ausbreiten, damit der Mulch nicht wegweht. In sehr kalten Gegenden sollten auch Pastinaken unter Dach gemulcht werden.

Folientunnel. Guten Schutz bieten auch Folientunnel, die aufgestellt werden sollten, bevor der Boden gefriert. In kalten Gegenden empfiehlt sich die Kombination aus einer 30–45 m dicken Mulchschicht und einem Folientunnel.

Frühbeet. Weil Pastinakensamen bei Kälte schlecht keimen und die Wurzeln erst im Spätherbst geerntet werden, säe ich sie ins Frühbeet, 3–4 Wochen nach dem letzten Frost im Frühjahr. In kälteren Regionen kann man im Spätherbst eine Schicht Stroh oder zerkleinerte Blätter ins Frühbeet geben.

Foliengewächshaus/Gewächshaus/Kuppel. Ich pflanze selten Pastinaken im Gewächshaus, weil sie so gut im Freiland wachsen. Den Platz im Gewächshaus nutze ich lieber für empfindliches Gemüse wie Tomaten oder Paprika. Wer genug Platz hat, kann Pastinaken aber 120 Tage vor dem ersten Frost im Herbst ins Gewächshaus säen. In kalten Regionen sollten die Pflanzen im Winter zusätzlich mit einer Schicht Stroh geschützt werden.

SCHUTZ VOR SCHÄDLINGEN

Fliegengitter/Vlies. Leichtes Vlies dient als Frostschutz, wenn im Frühjahr noch einmal Frost droht, und schützt außerdem vor Schäden durch die Möhrenfliege. Da Pastinaken nicht bestäubt werden müssen, kann die Abdeckung bei Bedarf bis zur Ernte an ihrem Platz bleiben.

ERNTE IM ZWEITEN JAHR

Wer überwinterte Pastinaken früher ernten will, kann im Herbst Bögen aufstellen und diese im Spätwinter mit Folie abdecken. Dadurch erwärmt sich der Boden schneller und man kann früher ernten.

ERBSEN

Erbsen wachsen bei mir im offenen Garten, aber auch im Gewächshaus. Besonders gern mag ich die Sorte 'Super Sugar Snap', eine Zuckerschote mit essbaren Hülsen. Sehr frühe Sorten wie 'Patio Pride' können im Frühjahr ins Frühbeet gesät werden oder im Frühjahr oder Herbst ins Gewächshaus. Wer die Triebspitzen mag, sollte unbedingt 'Petite Snap-Greens' probieren. Die Sorte mit essbaren Triebspitzen, Blüten und Blättern gedeiht gut in Kübeln unter Dach.

Anbau und Ernte

Aussaat/Pflanzung. Erbsen bevorzugen kühle Witterung und sollten im zeitigen Frühjahr 4–6 Wochen vor dem letzten Frost gesät werden, am besten in ein sonniges Gartenbeet, in das vorher reichlich Kompost oder abgelagerter Stallmist eingearbeitet wurde. Die Samen in Abständen von 5 cm in Doppelreihen mit 10–15 cm Abstand legen. In Kübeln sollten die Abstände in alle Richtungen 2,5–5 cm betragen.

Bringen Sie Kletterhilfen unbedingt vor der Aussaat an. Für hohe Sorten können Netze zwischen stabilen, 2,5 m hohen Pfosten aufgehängt werden. Für niedrigere Sorten genügen Reiser oder Kükendraht.

Erbsen für die Herbsternte pflanzt man 10–12 Wochen vor dem ersten Frost. Um den genauen Termin zu ermitteln, beachten Sie die Kulturdauer, die auf der Samentüte angegeben ist. Geben Sie eine Woche dazu, weil die Tage im Herbst kürzer werden. Wenn also eine Kulturdauer von 60 Tagen angegeben ist, kalkulieren Sie 67 Tage, damit die Erbsen genug Zeit zum Reifen haben.

Säen Sie im zeitigen Frühjahr alle paar Wochen schnell wachsende Erbsen in Schalen im Gewächshaus. Sie können mit der Schere als «Microgreens» geerntet werden, wenn sie 10–15 cm hoch sind.

Kultur. Wenn es nicht regnet, muss ein- bis zweimal wöchentlich durchdringend gegossen werden, vor allem, wenn die Pflanzen zu blühen beginnen. Mulchen Sie Erbsen mit Stroh oder zerkleinerten Blättern.

Schnecken lieben Erbsen, darum sammle ich sie regelmäßig ab. Ich stelle auch Fallen mit einer Wasser-Hefe-Mischung auf. Die Schnecken fallen hinein und ertrinken. Alle 1–2 Tage müssen die Fallen ausgeleert werden.

Ernte. Wenn die Erbsen eine gute Größe erreicht haben, kann fast täglich geerntet werden. Lassen Sie niemals überreife Hülsen an den Pflanzen hängen, denn sonst stellt die Pflanze die Produktion allmählich ein und der Gesamtertrag fällt geringer aus.

Schutzmaßnahmen

KEIMUNG BESCHLEUNIGEN

Vlies. Für Aussaaten im Frühjahr ist Vlies praktisch. Es verhindert, dass Vögel die Samen aus der Erde picken. Außerdem beschleunigt es die Keimung, weil es Wärme und Feuchtigkeit einfängt.

FRÜHER ERNTEN IM FRÜHJAHR

Frühbeet. Niedrige Sorten wie 'Tom Thumb' und 'Patio Pride' können im Frühbeet schon 8–10 Wochen vor dem letzten Frost gesät werden. Sie werden nur 10–15 cm hoch und passen auch in niedrige Frühbeete.

Foliengewächshaus/Gewächshaus/Kuppel. Im Gewächshaus können Erbsen 2 Monate vor dem letzten Frost in Beete oder Kübel gesät werden. Legen Sie vom zeitigen Frühjahr bis zum späten Frühjahr alle 2–3 Wochen Folgesaaten, um möglichst lange ernten zu können. Ich ziehe nicht viele Erbsen im Gewächshaus, aber wenn ich im zeitigen Frühjahr oder Spätsommer Platz habe, säe ich gern eine Portion 'Super Sugar Snap' an Netzen oder die sehr kompakte Sorte 'Patio Pride' in einen Kübel.

SCHUTZ VOR FROST UND SCHÄDLINGEN

Vlies. Vlies schützt Freilandsaaten vor Vögeln, aber auch vor kaltem Wetter. Erbsen, die ich im Hoch- oder Spätsommer für die Herbsternte säe, decke ich mit Vlies ab, wenn Frost vorhergesagt wird.

Erbsenschösslinge als Microgreens

PAPRIKA & CO.

Bis vor einigen Jahren konnte ich Paprika nur in den seltenen langen, heißen Sommern ernten. Inzwischen gibt es aber Sorten mit kürzerer Saison, und mit geeigneten Schutzmaßnahmen fällt nun jedes Jahr eine verlässliche Ernte an.

Anbau und Ernte

Aussaat/Pflanzung. Paprika wird im Haus 8–10 Wochen vor dem letzten Frost ausgesät, am besten unter Wachstumsleuchten, notfalls auch an einem sonnigen Fenster. Wärme von unten regt die Keimung an, stellen Sie die Schalen darum auf Wärmematten oder auf den Kühlschrank.

Wenn die Nachttemperaturen über 20 °C liegen, werden die Pflanzen abgehärtet und ausgepflanzt. Paprika brauchen durchlässigen, nährstoffreichen Boden, idealerweise in Hochbeeten oder Kübeln. Reichern Sie die Erde mit Kompost oder verrottetem Stallmist an.

Pflanzen Sie die Setzlinge in Abständen von 45 cm, und stecken Sie dabei einen Stützstab in die Erde. Wenn die Pflanze später Früchte trägt, können die Triebe leicht abbrechen. Das lässt sich verhindern, indem man sie an Stützen anbindet. Wenn Sie Mulchfolie verlegen, schneiden Sie für jede Pflanze einen kreuzförmigen Schlitz, und verlegen Sie darunter einen Tropfschlauch, um die Bewässerung zu vereinfachen.

Kultur. Paprika wachsen langsam, und sie reagieren empfindlich auf Umweltstress, Krankheiten und Schädlinge. Sie wollen verwöhnt werden und brauchen ausreichend Wärme, Belüftung, Dünger und Wasser.

Im Gewächshaus kann man Paprika an Schnüren ziehen, die an den Dachträgern festgebunden sind. Wenn die Pflanze wächst, die Schnur immer in derselben Richtung um den

Haupttrieb winden. Man kann die Pflanzen auch mit einem Tomatenkäfig stützen. Sinnvoll ist, sie zu beschneiden, um die Luftzirkulation zu verbessern. Dadurch fällt die Ernte in Menge und Qualität besser aus. Jeder Knoten am Trieb bildet ein Blatt, eine Blüte und zwei Seitentriebe. Knipsen Sie die erste Blüte ab, die an der Pflanze erscheint. Diese Blüte sitzt an der Stelle, an der sich die Pflanze zu verzweigen beginnt, an der sich also zwei Triebe entwickeln. Geben Sie jedem Trieb mit einer Schnur Halt. Knipsen Sie alle paar Wochen an jedem Knoten einen der beiden Seitentriebe ab, aber ohne dabei die Blüten abzubrechen, die sich ebenfalls an den Knoten bilden.

Ernte. Gemüsepaprika kann geerntet werden, wenn sie ihre volle Größe erreicht und fleischige Wände gebildet haben. Angaben zur Kulturdauer der jeweiligen Sorte finden Sie auf der Samentüte. Die Schoten können grün geerntet werden oder an der Pflanze ausreifen, sodass sie süßer werden. Reife Gemüsepaprika verfärben sich innerhalb von 2–3 Wochen von Grün zu ihrer endgültigen Farbe – Rot, Orange oder Gelb.

Chilis werden normalerweise geerntet, wenn sie ihre volle Größe und endgültige Farbe erreicht haben und sich fest anfühlen. Nur Jalapeños erntet man, wenn sie glänzend dunkelgrün sind.

Die Früchte mit einem scharfen Messer so von der Pflanze abschneiden, dass kein Stielansatz am Trieb zurückbleibt.

Schutzmaßnahmen

KURZZEITIGER FROSTSCHUTZ

Vlies. Vlies bereithalten, um die Pflanzen vor Kälteeinbrüchen zu schützen.

Glocken. Gut geeignet zum Schutz einzelner Jungpflanzen. Tagsüber zum Lüften abnehmen.

DEN BODEN ERWÄRMEN

Mulchfolie. Beete im Freiland 2 Wochen vor dem Pflanztermin mit schwarzer Folie abdecken, damit sich der Boden schneller erwärmt.

SCHUTZ VOR SCHÄDLINGEN

Fliegengitter. Fliegengitter schützen die Pflanzen vor Flohkäfern. Die Ränder eingraben, damit die Schädlinge dort nicht eindringen können.

WARMES MIKROKLIMA

Folientunnel. Paprika lieben Wärme. Stellen Sie über Jungpflanzen einige Wochen lang einen Folientunnel auf.

Foliengewächshaus/Gewächshaus/Kuppel. Scharfe und milde Sorten gedeihen in meinem Gewächshaus gut. Sie tragen früher, die Früchte reifen schneller und erscheinen über einen längeren Zeitraum. Hier gedeihen auch Sorten mit längerer Saison, mit denen ich im Freiland keinen Erfolg hätte.

RADIESCHEN & RÜBEN

Radieschen und Rüben wachsen schnell und haben ähnliche Ansprüche. Traditionell werden sie wegen ihrer Wurzeln kultiviert, man kann aber auch die Blätter essen. Radieschensorten wie 'Saisai' werden sogar ausschließlich wegen ihrer Blätter gepflanzt. Für die Herbst- und Winterernte empfehle ich Rettiche. Im Frühsommer schießen sie oft in Saat, bevor die Wurzeln eine erntetaugliche Größe erreicht haben.

Anbau und Ernte

Aussaat/Pflanzung. Radieschen und Rüben sollten an einen sonnigen Standort mit durchlässigem Boden gesät werden. Vor der Pflanzung Kompost unterarbeiten, und für Rettiche den Boden mindestens 30 cm tief auflockern.

Radieschen und Rüben können direkt ins Freiland gesät werden, wenn die Temperatur zuverlässig über 7 °C liegt. Ich säe die Samen mit 2,5 cm Abstand in 7,5–10 cm breiten Streifen und lege bis zum späten Frühjahr alle 2 Wochen Folgesaaten.

Wenn die Pflanzen wachsen, ernte ich jede zweite Pflanze und dünne sie so gleichzeitig aus. Größere Winterrettiche sollten auf etwa 10 cm ausgedünnt werden, Speiserüben auf 5 cm.

Kultur. Bei heißem, trockenen Wetter kann sich das Wachstum verlangsamen, darum ist es wichtig, zur richtigen Zeit zu säen und regelmäßig zu gießen. Wenn es heiß wird, sollten Sie Schattiergewebe über den Beeten ausbreiten.

Ernte. Radieschen sind meist nach 3–4 Wochen erntereif. Rettiche brauchen doppelt so lange – etwa 55 bis 60 Tage von der Aussaat bis zur Ernte. Frühe Sorten wie 'Hakurei' können schon nach 6 Wochen geerntet werden, späte Sorten wie 'Purple Top White' brauchen 7–8 Wochen.

Schutzmaßnahmen

SCHUTZ VOR FROST UND SCHÄDLINGEN

Fliegengitter. Fliegengitter hält lästige Flohkäfer vom Gemüse fern.

Vlies. Vlies schützt vor Frost im Frühling und Herbst, aber auch vor Schädlingen. Auf Bögen legen oder direkt auf den Pflanzen ausbreiten.

BLÜTE VERZÖGERN

Schattiergewebe. Radieschen schießen bei Hitze und Trockenheit sehr schnell in Saat. Dann

werden sie sehr scharf und manchmal ungenießbar. Mit Schattiergewebe lässt sich die Blütenbildung hinauszögern und Sie können länger hochwertige Radieschen genießen.

DIE ERNTE VERLÄNGERN

Mulch. Im Spätherbst, bevor der Boden gefriert, kann eine 30–45 cm dicke Mulchschicht aus Stroh oder zerkleinerten Blättern verteilt werden, um die Ernte 6–8 Wochen zu verlängern. Vlies oder Stoff über dem Mulch ausbreiten, damit er nicht wegweht.

Folientunnel. Mit einem Folientunnel kann man die Ernte im zeitigen Frühjahr oder Herbst um mindestens 4–6 Wochen verlängern. Regelmäßig lüften, damit sich unter der Folie kein Hitzestau bildet.

Frühbeet. Radieschen und Rüben eignen sich ausgezeichnet für den Anbau im Frühbeet. Schon 6–8 Wochen vor dem letzten Frost können sie gesät werden. Eine zweite Aussaat ist im Spätsommer oder Frühherbst möglich.

Foliengewächshaus/Gewächshaus/Kuppel. Beginnen Sie 6–8 Wochen vor dem letzten Frost im Frühjahr damit, Folgesaaten zu legen. Pausieren Sie im Hochsommer, und beginnen Sie im Spätsommer oder Frühherbst erneut mit den Folgesaaten.

FRÜHLINGS-ZWIEBELN

Frühlingszwiebeln sind kältetolerant und können im Frühling, Herbst und Winter in Frühbeeten und Folientunneln gesät werden. Wer Farbe auf dem Tisch mag, mixt weiße und rote Sorten.

Anbau und Ernte

Aussaat/Pflanzung. Frühlingszwiebeln können im Spätwinter in Lücken im Frühbeet oder Gewächshaus gesät werden. Säen Sie 10–12 Wochen vor dem letzten Frost mit Abständen von 1 cm. Weil die Zwiebeln so wenig Platz einnehmen, säe ich sie in 10–15 cm breiten Streifen. Folgesaaten alle 3–4 Wochen bis zum späten Frühjahr gewährleisten eine fortlaufende Ernte. Wer dickere Halme mag, kann die Zwiebeln auf 2,5 cm ausdünnen.

Im Freiland 4–5 Wochen vor dem letzten Frost aussäen und bei einem Kälteeinbruch einen Tunnel mit Vlies oder Folie aufstellen. Im Herbst kann die erste Portion 8–10 Wochen vor dem ersten Frost gelegt werden, die nächste folgt nach 2–3 Wochen. Für die Winterernte wähle ich meist die besonders kälteverträgliche Sorte 'Evergreen Hardy White'.

Kultur. Unkraut entfernen, weil junge Frühlingszwiebeln keine Konkurrenz vertragen. Regelmäßige Bewässerung ist wegen der flachen Wurzeln wichtig für die Qualität der Pflanzen. Für lange Stiele die Pflanzen mehrmals während des Wachstums anhäufeln.

Ernte. Die Ernte beginnt, wenn die Stiele etwa bleistiftdick sind. Ich ernte jeweils nach Bedarf und lockere die Pflanzen vorsichtig mit einer kleinen Schaufel oder Grabgabel.

Schutzmaßnahmen

DIE SAISON VERLÄNGERN

Folientunnel. Im zeitigen Frühjahr gesäte Frühlingszwiebeln danken es, wenn sie bei Kälteeinbrüchen mit einem Folientunnel geschützt werden.

Frühbeet. Im Frühbeet kann man Frühlingszwiebeln im Frühling, Herbst und Winter anbauen. Im Spätwinter einen Streifen Samen in den Boden legen, im Spätsommer wiederholen.

Foliengewächshaus/Gewächshaus/Kuppel. Im Gewächshaus kann man ganzjährig ernten, wenn man vom Spätwinter bis zum Spätsommer regelmäßig Folgesaaten legt.

Mehr Zwiebeln unter Dach

Weil normale Zwiebeln in meinem Garten so gut wachsen, pflanze ich sie nur selten unter Dach. Hinzu kommt, dass die meisten Zwiebeln eine Kulturdauer von 3–4 Monaten haben, sie nehmen also lange Zeit Platz ein, den ich im Gewächshaus lieber für andere Gemüsearten nutze.

Allerdings pflanze ich durchaus Frühlingszwiebeln, Schnittlauch und Schalotten unter Dach. Sie liefern Grün mit frischem Zwiebelgeschmack, und die kleinen Schalotten können wir im Herbst ernten. Außerdem helfen sie bei der Schädlingsbekämpfung, wenn man sie hier und dort zwischen andere Gemüsearten setzt. Im zeitigen Frühjahr decke ich sie oft mit Glocken ab, damit sie schneller wachsen und besonders früh geerntet werden können. Für ein größeres Beet kann man auch einen Folientunnel verwenden, der im zeitigen Frühjahr aufgestellt wird.

Winterzwiebeln *(Allium fistulosum)*. Wie andere mehrjährige Zwiebelarten bilden auch diese dichte Büschel aus hohlen Blättern. Die Blüten, die im Hochsommer erscheinen, ziehen Bestäuber an. Die Blätter nach Bedarf schneiden.

Etagenzwiebeln (*Allium* x *proliferum*) breiten sich im Garten aus, wenn man nicht aufpasst. Die mehrjährigen Zwiebeln sind unkompliziert und gedeihen auch in magerem Boden. Im Frühjahr erscheinen die hohlen Blätter, die bald ein Büschel von 60 cm Höhe und mehr bilden. Im Sommer erscheinen an den Spitzen 1–2 cm große Brutzwiebeln. Unter ihrem Gewicht biegen sich die Stiele im Spätsommer, sodass die Brutzwiebeln Bodenkontakt bekommen und Wurzeln bilden. Wenn man sie nicht ausgräbt, besiedelt die Pflanze bald den ganzen Garten.

Schalotten (*Allium cepa* var. *aggregatum*) sind pflegeleichte Pflanzen mit 60 cm hohen hohlen Stielen, die wie Frühlingszwiebeln verwendet werden können. Sie bilden an der Basis mehrere Zwiebeln, die man ausgraben und essen oder zur Vermehrung an einer anderen Stelle einpflanzen kann.

ETAGENZWIEBEL

SPINAT

Spinat eignet sich als Kaltwettergemüse vor allem für den Anbau im Frühling, Herbst und Winter. Glattblättrige Sorten sind ideal für Frühjahr und Herbst, vor allem, wenn man zarte Blätter für Salat ernten möchte. Spinat für die Winterernte hat größere Blätter mit welliger oder blasiger Oberfläche.

Anbau und Ernte

Aussaat/Pflanzung. Arbeiten Sie vor der Aussaat stickstoffreichen, abgelagerten Stallmist oder Kompost in den Boden ein. Spinat mag nicht umgepflanzt werden, darum sät man ihn in 10–15 cm breiten Streifen direkt in die Erde. Die Abstände zwischen den Samen betragen 2,5 cm. Im Frühbeet und Foliengewächshaus beginne ich mit der Aussaat schon Ende Februar und lege bis zum mittleren Frühjahr alle 3–4 Wochen Folgesaaten. Wenn sich der Boden bearbeiten lässt, kann man Spinat im Freiland etwa 8–10 Wochen vor dem letzten Frost säen und einen Folientunnel über dem Beet aufstellen.

Spinat für die Ernte im Spätsommer, Herbst und Winter wird vom Hochsommer bis zur Herbstmitte gesät. Sät man im Sommer, wenn die Temperatur hoch und der Boden trocken ist, erfolgt die Keimung nur unzuverlässig. Das lässt sich vermeiden, indem man den Boden gut feucht hält und Bögen mit Schattiergewebe errichtet. 4–6 Wochen vor dem ersten Frost im Herbst kann Spinat ins Freiland (im Spätherbst Folientunnel aufstellen!), in Frühbeete oder ins Gewächshaus gesät werden.

Kultur. Die Sämlinge auf Abstände von 12,5 cm ausdünnen, wenn sie etwa 5–7,5 cm hoch sind, und die ausgezupften Pflanzen essen. Weil Spinat flach wurzelt, muss er regelmäßig bewässert werden, um Blätter von guter Qualität ernten zu können. Er bevorzugt kühle Temperaturen, darum ist es wichtig, Gewächshaus, Frühbeet und Tunnel im Frühling und Herbst oft zu lüften.

Ernte. Die Blätter für Salat ernten, wenn sie 5–10 cm lang sind, ansonsten in der gewünschten Größe. Ich versuche, zuerst die ältesten Blätter zu pflücken, damit die Pflanzen weiter wachsen. Wenn kurze Blütenstiele erscheinen, die ganze Pflanze ernten.

Schutzmaßnahmen

SCHUTZ VOR SCHÄDLINGEN

Fliegengitter. Blattfraß durch Minierer lässt sich durch Fliegengitter vermeiden.

FROSTSCHUTZ

Vlies. Vlies ist im Frühjahr und Herbst nützlich als Kälteschutz und kann auch als zusätzliche Isolierung im Gewächshaus verwendet werden.

BLÜTENBILDUNG VERZÖGERN

Schattiergewebe. Schattiergewebe auf Bögen verzögert, dass Spinat im Spätfrühling in Saat schießt, und kann auch im Hoch- bis Spätsommer für die Saat der Herbsternte gute Dienste tun.

DIE SAISON VERLÄNGERN

Frühbeet. Ins Frühbeet kann Spinat 10–12 Wochen vor dem letzten Frost im Frühjahr gesät werden. Danach sollten Sie alle paar Wochen Folgesaaten legen, um kontinuierlich zu ernten. Die Aussaat für die Herbst- und Winterernte kann 4–6 Wochen vor dem ersten Frost beginnen.

Folientunnel. Folientunnel schützen Spinat im Frühling und Herbst, können aber auch verwendet werden, um im Herbst gesäten Spinat zu überwintern und sehr früh im neuen Jahr zu ernten. Zum Überwintern wird 4–5 Wochen vor dem ersten Frost im Herbst gesät. Über Winter einen Folientunnel aufstellen und ab Ende Februar regelmäßig das Wachstum kontrollieren. Wenn die Tage mehr als 10 Stunden haben, beginnen die jungen Pflanzen schnell zu wachsen.

Foliengewächshaus/Gewächshaus/Kuppel. 10–12 Wochen vor dem letzten Frost im Frühjahr kann die Aussaat beginnen, danach Folgesaaten im Abstand von einigen Wochen legen. Im Herbst beginnt die Aussaat 4–6 Wochen vor dem ersten Frost. Spinat kann auch 2–3 Wochen vor dem ersten Herbstfrost gesät, überwintert und zeitig im Frühjahr geerntet werden. Um den ganzen Winter lang aus dem Gewächshaus ernten zu können, stelle ich über dem Beet Bögen auf und decke sie mit Vlies ab.

ZUCCHINI

Zucchini und andere Sommerkürbisse brauchen viel Wärme und vertragen keinen Frost. Darum ist es sinnvoll, sie im Gewächshaus anzupflanzen. Gegen Schadinsekten, die ihnen zu schaffen machen, hilft eine Abdeckung mit Fliegengitter.

Anbau und Ernte

Aussaat/Pflanzung. Zucchini haben einen hohen Nährstoffbedarf, darum sollte vor dem Erwärmen des Bodens und der Pflanzung eine großzügige Menge Kompost oder verrotteter Stallmist in den Boden eingearbeitet werden.

Man kann Zucchini direkt ins Beet säen oder im Haus vorziehen. Die Direktsaat sollte erst erfolgen, wenn die Bodentemperatur bei 21 °C liegt. Wärmen Sie den Boden vor, um die Keimung zu beschleunigen. Die Aussaat kann 1–2 Wochen nach dem letzten Frost erfolgen.

Wählen Sie einen sonnigen Standort. Ich pflanze Zucchini im Garten und im Gewächshaus gern in Hochbeete. Traditionell häuft man Erdhügel von 30–60 cm Durchmesser auf und legt in jeden 3–4 Samen (später nur den stärksten Sämling stehen lassen) oder pflanzt in jeden zwei Jungpflanzen. Ich finde dieses Verfahren für kleine Stadtgärten aber unpraktisch. Am liebsten pflanze ich Zucchini, aber auch Winterkürbisse, in Stroh-Mist-Beete. So kann ich die halb verrotteten Strohballen aus dem vorigen Herbst und Winter noch gebrauchen, und die Pflanzen sind geradezu verrückt nach dem nährstoffreichen, biologischen Substrat. Außerdem hält die Mischung aus Stroh und Stallmist die Feuchtigkeit sehr gut, sodass ich diese Kulturen nur selten bewässern muss.

Im Haus werden Zucchini in 10-cm-Töpfen vorgezogen, Schalen mit Modulen sind zu klein für die schnell wachsenden Pflanzen. Ich lege

Winterkürbis im Gewächshaus?

Ich ziehe zwar Kürbisse im Freiland unter Folien- oder Vliestunneln, pflanze aber selten Winterkürbisse ins Gewächshaus. Die meisten Arten nehmen zu viel Platz ein und tragen auch im Freien viele Früchte. Allerdings habe ich kürzlich kompakte Sorten wie 'Butterscotch' ausprobiert. Diese Butternuss-Sorte bildet kurze Ranken und kleine Früchte. Die Pflanzen haben sich im Gewächshaus prächtig gesund entwickelt und beeindruckende Erträge gebracht.

in jeden Topf zwei Samen, härte die Pflanzen nach 3–4 Wochen ab und pflanze sie dann in den Garten. Weil sie unter Schutz wachsen, kann ich sie 1–2 Wochen vor dem letzten Frost auspflanzen. Wenn die Sämlinge in den Töpfen wachsen, schneide ich den schwächeren auf Bodenniveau ab. Das kostet Überwindung, lohnt sich aber.

Kletternde Sorten an Netzen oder Spalieren sollten in Abständen von 15 cm gesät und später auf 45 cm ausgedünnt werden, Jungpflanzen werden gleich in Abständen von 45 cm gesetzt. Dabei ist es wichtig, die Wurzeln nicht zu stören.

Kultur. Alle Kürbisse brauchen eine gleichmäßige Wasserversorgung. Gießen Sie häufig und durchdringend, und mulchen Sie zusätzlich mit Stroh. Alle paar Wochen sollten Sie zusätzlich einen biologischen Flüssigdünger geben.

Für Winterkürbisse oder kletternde Sommerkürbisse wie 'Costata Romanesco' oder 'Tromboncino' im Gewächshaus sind stabile Spaliere oder Netze mit standfesten Pfosten notwendig. Alternativ können Sie buschige Sorten pflanzen, die andere Gemüsearten nicht bedrängen.

Zucchini werden normalerweise durch Insekten bestäubt, im Notfall kann man aber etwas nachhelfen. Wenn Sie eine frisch geöffnete weibliche Blüte entdecken, nehmen Sie eine männliche Blüte, zupfen die Kronblätter ab und betupfen mit den Staubgefäßen die Narbe der weiblichen Blüte. Mit einer männlichen Blüte können mehrere weibliche Blüten bestäubt werden.

Ernte. Sommer- und Winterkürbisse bilden zuerst männliche Blüten. Sie sind essbar. Wir frittieren sie gern in Backteig oder füllen Sie mit Ziegenkäse und Kräutern und braten sie dann in der Pfanne.

Wenn die weiblichen Blüten erscheinen, können sich binnen weniger Tage Früchte bilden. Sie sollten abgeschnitten werden, solange sie noch klein sind. Die idealen Größen sind 5–7,5 cm für Ufokürbisse und runde Zucchini, 12,5–20 cm für längliche Zucchini. Die Früchte der Sorte 'Tromboncino' werden erst geerntet, wenn sie etwa 30 cm lang sind.

Winterkürbis hat eine Kulturdauer von mehreren Monaten. Die Früchte sollten nicht unreif geerntet werden, weil sie dann leicht faulen. Falls Frost vorhergesagt wird und noch unreife Früchte an den Pflanzen hängen, können sie geerntet werden, sollten aber danach schnell verbraucht werden.

Vlies abnehmen, wenn die Zucchini blühen.

Kürbisse sind reif, wenn die Schale hart ist und die Frucht beim Klopfen hohl klingt. Außerdem sollte die Schale die typische Färbung der jeweiligen Sorte zeigen (siehe Samentüte oder Katalog). Kürbisse werden vor dem ersten Frost von den Ranken geschnitten. Die Früchte nicht abdrehen oder abreißen! Einen 3–5 cm langen Stiel an jeder Frucht stehen lassen und die Früchte vorsichtig behandeln. Beschädigte Früchte sind nicht lange lagerfähig.

Nach der Ernte sollten Winterkürbisse eine Woche lang in der Sonne liegen, damit sich die Schale weiter festigt. Falls Frost vorhergesagt wird, müssen sie nachts ins Haus geholt werden. Gelagert werden sie am besten bei 10–15 °C im Keller oder in der Garage.

Schutzmaßnahmen

BEETE VORWÄRMEN

Folientunnel oder Mulchfolie. Wärmen Sie Beete im Freiland vor der Aussaat oder Pflanzung mit einem Folientunnel oder Mulchfolie vor. Kürbisse mögen Wärme, darum sollten sie im Folientunnel stehen, bis sicher nicht mehr mit einem Kälteeinbruch zu rechnen ist.

SCHUTZ VOR FROST UND SCHÄDLINGEN

Vlies. Fliegengitter oder dünnes Vlies schützt Jungpflanzen vor kaltem Wetter oder Schadinsekten. Zur Schädlingsvorbeugung muss das Vlies oder Fliegengitter unmittelbar nach der Pflanzung ausgebracht werden. Beschweren Sie die Ränder, damit keine Schädlinge darunter kriechen können. Wenn die Pflanzen zu blühen beginnen, wird die Abdeckung abgenommen.

Glocken. Im Frühling kann man Glocken über einzelne Pflanzen stülpen, um sie vor Schädlingen oder Kälte zu schützen.

DIE SAISON VERLÄNGERN

Foliengewächshaus/Gewächshaus/Kuppel. Wer Sommerkürbisse im Gewächshaus kultiviert, kann etwa 2–3 Wochen früher ernten. Ich halte bei buschigen Sorten Abstände von 60 cm ein und säe zweimal: einmal für die Ernte im Hochsommer und einmal für die Herbsternte. Wer wenig Platz hat, sollte vor allem bei Winterkürbissen kleinwüchsige Sorten wählen. 'Honey Bear' und 'Butterscotch' sind kompakt und zeichnen sich durch eine gute Krankheitsresistenz aus.

MANGOLD

Mangold ist ein lohnendes Gemüse: Er kann vom mittleren Frühjahr bis in den Spätherbst geerntet werden, unter Dach sogar noch länger. Mit seinen farbigen Blättern und Stielen sieht er außerdem sehr dekorativ aus. Mir gefallen vor allem Sorten wie 'Peppermint', 'Orange Chiffon', 'Rhubarb' und 'Bright Lights', die Farbe in Garten und Gewächshaus bringen.

Anbau und Ernte

Aussaat/Pflanzung. Mangold gedeiht in der Sonne und im Halbschatten, sollte aber bei praller Hochsommersonne schattiert werden. Graben Sie vor der Aussaat reichlich Kompost oder abgelagerten Stallmist ein, denn er hat einen hohen Nährstoffbedarf.

Gesät wird 1 cm tief mit Abständen von 5 cm, die Reihenabstände betragen 45 cm. Die «Samen» aus der Tüte sind eigentlich Früchte, die mehrere Samen enthalten. Ausgedünnt wird später auf 15 cm bei Babymangold oder auf 30 cm bei ausgewachsenen Pflanzen. Sie können Mangold auch 4–6 Wochen vor dem geplanten Pflanztermin im Haus unter Wachstumsleuchten vorziehen.

Kultur. Mangold ist unkompliziert, lediglich Minierfliegen können Probleme bereiten. Er sollte ein- bis zweimal wöchentlich durchdringend bewässert werden. Durch regelmäßige Wasserversorgung werden die Blätter schön zart. Mulchen Sie das Beet, um die Verdunstung herabzusetzen.

Ernte. Geerntet werden die äußeren Blätter der Pflanze ab einer Länge vom 7,5–12 cm. Ältere, welke Blätter sollten Sie entfernen und kompostieren, damit die Pflanze neu austreibt.

Schutzmaßnahmen

SCHUTZ VOR SCHÄDLINGEN

Fliegengitter. Fliegengitter hindert erwachsene Minierfliegen daran, Eier auf den Blättern abzulegen. Die Ränder des Fliegengitters unbedingt beschweren oder eingraben, damit keine Insekten darunter kriechen.

BESSERE QUALITÄT DURCH SCHATTEN

Schattiergewebe. Damit die Blätter zart bleiben, sollten Sie das Mangoldbeet im Hochsommer schattieren.

DIE SAISON VERLÄNGERN

Frühbeet/Folientunnel/Gewächshaus. Mangold kann im zeitigen Frühjahr 8–10 Wochen vor dem letzten Frost direkt ins Frühbeet, in den Folientunnel oder ins Gewächshaus gesät werden. Für Babymangold genügt die Höhe eines Frühbeetes. Höhere Pflanzen kann man im Herbst mit Strohballen schützen oder in einem Folientunnel oder Gewächshaus anbauen.

TOMATEN

Es hat viele Vorteile, Tomaten im Gewächshaus anzubauen. Die Ernte beginnt früher und dauert länger, sie fällt reicher aus, und bodenbürtige Krankheiten treten seltener auf. Auch Freilandtomaten profitieren von einer Abdeckung, die sie gut in die Saison starten lässt und vor Frost schützt.

Anbau und Ernte

Aussaat/Pflanzung. Säen Sie Tomaten im Haus unter Wachstumsleuchten 6–8 Wochen vor dem geplanten Pflanztermin. Bereiten Sie den Boden vor, indem Sie großzügig Kompost, abgelagerten Stallmist oder biologisches Düngergranulat für Tomaten (Dosierung nach Packungsangabe) einarbeiten.

Die abgehärteten Tomatensämlinge tief pflanzen. Sie werden bis zum unteren Blattpaar in die Erde gesetzt, damit sie auch am Spross Wurzeln bilden. Dadurch werden die Pflanzen robuster.

Die Abstände hängen von der Sorte ab. Pflanzen, die an Schnüren oder Stäben gezogen werden, können enger gepflanzt werden als breitwüchsige Sorten. Ich halte meist Abstände von 60 cm ein. Zu geringe Abstände sind ungünstig, denn dann kann es zu schlechter Luftzirkulation und Krankheitsbefall kommen. Mulchen Sie die Tomaten nach der Pflanzung mit Stroh oder zerkleinerten Blättern.

Kultur. Damit Tomaten reichlich tragen, brauchen sie viel Sonne, gleichmäßige Feuchtigkeit, nährstoffreichen Boden, stabile Stützen und gute Luftzirkulation. Abdeckungen aller Art müssen regelmäßig gelüftet werden. Wenn die Temperatur über 32 °C steigt, lässt die Bestäubung nach und die Blüten können abfallen. Ohne Bestäubung gibt es aber keine Früchte. Das Lüften ist auch wichtig, damit Bienen und andere Bestäuber die Blüten erreichen können.

Gestützt werden können Tomaten auf verschiedene Weise. Käfige aus stabilen, ausreichend hohen Stangen sind eine Möglichkeit. Auch Gitterspaliere, Drähte oder Schnüre sind denkbar. Im Gewächshaus empfehlen sich Schnüre, die an den Dachträgern oder stabilen, zwischen den Giebeln gespannten Drähten befestigt werden. Das untere Ende jeder Schnur wird mit einem Clip oder lockeren Knoten am Haupttrieb der Tomatenpflanze befestigt. Wenn die Pflanze wächst, wird die Schnur um den Haupttrieb gewunden oder mit Clips befestigt (siehe auch Seite 34).

Aufrecht gezogene, eng gepflanzte Tomaten im Gewächshaus müssen beschnitten werden, damit sie gut tragen und damit es nicht zu Krankheitsbefall durch schlechte Luftzirkulation kommt. Von buschigen Sorten knipse ich nur die Seitentriebe unter dem ersten Blütenstand ab, damit sich der Haupttrieb kräftig entwickelt. Hohe Sorten werden entsprechend ihrer Stützen geschnitten. Tomaten in Käfigen schneidet man leicht zurück, Tomaten an Stäben werden mäßig beschnitten, und Tomaten an Spalieren oder Schnüren werden stark gestutzt.

Ich ziehe meine Tomaten im Gewächshaus an Schnüren und entferne regelmäßig alle Seitentriebe. Das ist relativ schnell mit der Hand erledigt, wenn man es alle 10–14 Tage tut. Wartet man länger, sollte man eine saubere, scharfe Rosenschere verwenden.

Im Spätsommer kappe ich den Haupttrieb jeder Pflanze und entferne alle Blüten und unreifen Früchte, die bis zum Ende der Saison nicht mehr reif werden. Dadurch wird die Reifung der restlichen Früchte an der Pflanze beschleunigt.

SEITENTRIEBE ABSCHNEIDEN

Tomaten in Kübeln im Gewächshaus

Es gibt zahlreiche Tomatensorten, die ausgezeichnet in Kübeln oder Ampeln gedeihen, also überall dort, wo im Gewächshaus ein Plätzchen frei ist. Zu meinen Lieblingssorten gehören 'Terenzo', 'Sweetheart of the Patio' und 'Tumbler'. Das Pflanzsubstrat in Kübeln und Töpfen trocknet schneller aus als die Erde im Beet. Darum müssen diese Tomaten häufig begossen werden. Warten Sie niemals, bis die Pflanzen beginnen, welk auszusehen.

Ernte. Ernten Sie die Früchte fortlaufend, wenn sie reifen. Bei ungewöhnlichen Sorten wie 'Cherokee Purple' oder 'Great White Blues' ist der Reifezeitpunkt schwerer zu erkennen, aber ich empfehle, sich auf die Farbe und die Druckprobe zu verlassen. Die Früchte sollten die auf der Samentüte abgebildete Färbung zeigen und auf behutsamen Druck etwas nachgeben. Schneiden Sie reife Tomaten mit dem Stielansatz von der Pflanze ab. Kirschtomaten kann man auch vorsichtig abpflücken.

Die richtigen Sorten wählen

Erfolg beim Tomatenanbau beginnt mit der Wahl der richtigen Sorten. Wer sie in einem begehbaren Bau kultivieren will, sollte sich für Gewächshaussorten entscheiden. Dies sind meist hochwachsende Pflanzen, die hohe Erträge bringen, und die in der geschützten Umgebung unter Dach am besten gedeihen. Viele zeichnen sich außerdem durch eine gute Krankheitsresistenz aus.

Natürlich sollen Tomaten aus eigenem Anbau nicht wie Supermarktware schmecken (deren Zuchtziele Transport- und Lagerfähigkeit sind, aber nicht das Aroma). Lesen Sie darum die Katalogbeschreibungen genau. Gute Gewächshaussorten sind 'Estiva' (mittelgroße, rote Früchte), 'Apero' (süße, rote Kirschtomate) oder 'Clementine' (orangefarbene Cocktailtomate). Die Samen sind meist etwas teurer als Saatgut für Freilandtomaten.

Schutzmaßnahmen

DEN BODEN ERWÄRMEN

Mulchfolie. Freilandbeete sollten mit schwarzer Mulchfolie erwärmt werden, während die Sämlinge abgehärtet werden.

SCHUTZ VOR SCHÄDLINGEN UND FROST

Vlies. Vor Frost, Kälte und Insekten schützt Vlies oder Fliegengitter.

Glocken. Wer nur wenige Tomaten pflanzt, kann sie im Frühling mit Glocken schützen, falls ein Kälteeinbruch droht. Wenn die Temperatur im Herbst unter 10 °C fällt, kann man nachts über buschige Sorten eine improvisierte Riesenglocke aus einem Tomatenkäfig und einem großen Müllsack stülpen.

Folientunnel. Ideal zum Schutz von jungen Tomatenpflanzen im Frühling. Ein Tunnel aus PVC-Bögen und Folie ist schnell aufgestellt und kann bei kaltem Wetter zusätzlich mit Vlies abgedeckt werden, um die empfindlichen Pflanzen zu schützen. Ich schütze meine Jungpflanzen in den ersten 2–3 Wochen mit einem Tunnel und öffne die Enden tagsüber zum Lüften.

DIE SAISON VERLÄNGERN

Foliengewächshaus/Gewächshaus/Kuppel. Ein Gewächshaus ist vor allem in Regionen mit kurzer Saison die beste Wahl für Tomaten. Man kann deutlich früher säen und pflanzen und länger in den Herbst hinein ernten. Außerdem sind die Pflanzen durch Krankheiten und Schädlinge weniger gefährdet.

Die Verwandtschaft

Kartoffeln. Sie sind keine klassischen Kandidaten für das Gewächshaus, aber man kann durchaus 4–6 Wochen vor dem letzten Frost einige Pflanzkartoffeln an freie Stellen stecken. Wählen Sie frühe Sorten und ernten Sie, solange sie noch klein sind.

Im Freiland ist es sinnvoll, Kartoffelpflanzen mit Vlies oder Fliegengitter vor Frost und Schädlingen wie dem Kartoffelkäfer zu schützen. Wichtig ist außerdem, die Fruchtfolge konsequent einzuhalten, um bodenbürtige Krankheiten zu vermeiden. Decken Sie das Beet gleich nach der Pflanzung locker mit Vlies oder Fliegengitter ab, damit die Pflanzen Platz zum Wachsen haben. Die Ränder sollten beschwert oder eingegraben werden.

Physalis und Tomatillos. Diese beiden Verwandten der Tomate lohnen einen Versuch im Gewächshaus. Beide sehen ähnlich aus wie Tomatenpflanzen, aber die Früchte tragen papierartige Hüllblätter. Physalis sind etwa kirschgroß und haben einen süßlichen Geschmack. Tomatillos haben eher die Größe von Golfbällen, und ihr Geschmack ist säuerlich mit Anklängen von Zitrone.

Beide Arten sind anfällig für Flohkäfer, darum sollten sie im Freiland mit Fliegengitter oder Vlies geschützt werden. Als Schutz vor Kälte und unfreundlichem Wetter eignen sich Folientunnel.

DANK

An erster Stelle danke ich meiner Familie für ihre Unterstützung: Dany, Alex und Isabelle, meiner Mutter Joyce und meinen Schwiegereltern Kamal und Noha. Herzlichen Dank auch an Lisa, Jason, Ryan und Lucy; Jean-Louise, Nick, Brayden und Jackson sowie Tony, Leah, Sophia und Mya.

Vielen Dank an all die wunderbaren Menschen bei Storey Publishing. Es ist mir eine Freude, mit diesen inspirierenden und talentierten Menschen zusammenzuarbeiten, die sich darum bemühen, die Welt zu einem besseren Ort zu machen. Vielen Dank an Carleen Madigan, die mich als großartige Lektorin auch schon bei meinen vorherigen Büchern begleitet hat. Danke für die kreative Arbeit von Art Director Carolyn Eckert und Production Designer Erin Dawson sowie an Colleen Mulhern, die für Marketing und Werbung zuständig ist.

Herzlichen Dank an meine Freundinnen Jessica Walliser und Tara Nolan, die bei SavvyGardening.com mit mir zusammenarbeiten und mich tagtäglich inspirieren.

Die Zusammenarbeit mit Jeff Cooke und Jenn Nauss von Cooked Photography war ein Vergnügen. Es ist nicht einfach, Vlies und Fliegengitter glamourös aussehen zu lassen, aber ihr habt aus jedem Shooting eine Gartenparty gemacht.

Vielen Dank an alle Hobbygärtner, die mich in den sozialen Medien taggen oder mir Fotos von ihren Gewächshäusern, Frühbeeten, Gartenkuppeln und anderen Gartenbauten schicken. Einige davon finden Sie im Buch, darunter das Palettengewächshaus von Stephen Farley und das Holzrahmengewächshaus von Steve und Jeani Mustain. Und immer wieder inspiriert mich der wunderschöne Nutzgarten von Rob und Brenda Franklin, der mit Abdeckungen die Saison zu einer ganzjährigen Ernte verlängert.

Danken möchte ich außerdem den Firmen, die uns Produkte oder Fotos für das Buch zur Verfügung gestellt haben.

Der gesamte Katalog der Gardener's Supply Company ist im Grunde mein Wunschzettel. In diesem Buch finden Sie ihr Drei-Jahreszeiten-Pflanzenschutzzelt, Super Hoops, Pop-up-Tomatenbeschleuniger, Allzweck-Gartengewebe und Weidenglocken.

Johnny's Selected Seeds haben uns freundlicherweise mit Vliesen und Folien sowie einer Biegevorrichtung für Metallrohre versorgt.

Von der Halifax Seed Company stammen viele meiner Abdeckungen, darunter Polycarbonat für Frühbeete, Vlies in verschiedenen Stärken, Mulchfolie und sogar mein großes Foliengewächshaus.

Auch die Mitarbeiter von Lee Valley Tools haben mich großzügig unterstützt. In meinem Garten steht ihr doppelwandiges Frühbeet aus Polycarbonat und leistet gute Dienste.

Ich bin seit Jahren ein großer Fan der Smart Pot-Pflanzsäcke, die ich wie kleine Hochbeete verwende.

Hartley Botanic baut einfach traumhafte Gewächshäuser, von denen einige auf Abbildungen in diesem Buch zu sehen sind.

REGISTER

Kursiv gedruckte Seitenzahlen verweisen auf Abbildungen, **fett** gedruckte auf Tabellen.

A

B

L

M

N

O

P

R

S